国际贸易关务员认证
报关人员水平测试 | 参考教材

国际贸易进出境货物海关清关实训（上册）

唐超平 张晓妮 吴洪蝶 主编

西南师范大学出版社
国家一级出版社 全国百佳图书出版单位

图书在版编目(CIP)数据

国际贸易进出境货物海关清关实训. 上册 / 唐超平，张晓妮，吴洪蝶主编. — 重庆 ：西南师范大学出版社，2015.7

ISBN 978-7-5621-7514-8

Ⅰ. ①国… Ⅱ. ①唐… ②张… ③吴… Ⅲ. ①进出口贸易—海关手续—中国 Ⅳ. ①F752.5

中国版本图书馆 CIP 数据核字(2015)第 157926 号

国际贸易进出境货物海关清关实训(上册)

唐超平　张晓妮　吴洪蝶　主编

责任编辑:秦　路　李　炎

封面设计:尚品视觉 CASTALY 周　娟　喻艾琳

排版制版:重庆新综艺图文广告有限责任公司

出版发行:西南师范大学出版社

(重庆·北碚　邮编:400715

网址:www. xscbs. com)

经　　销:全国新华书店

印　　刷:重庆市国丰印务有限责任公司

开　　本:720 mm×1030 mm　1/16

印　　张:13.75

字　　数:270 千字

版　　次:2015 年 7 月第 1 版

印　　次:2015 年 7 月第 1 次

书　　号:ISBN 978-7-5621-7514-8

定　　价:32.00 元

QIANYAN 前　言

为落实习总书记“一带一路”的伟大战略构想,促进贸易和投资便利化，我国已于 2015 年 7 月 1 日开始在全国推行海关全域通关一体化。各地自由贸易区的陆续设立,跨境电子商务的蓬勃发展,以及国家相关外贸主管部门对外贸易管制措施的调整,给国际贸易进出境货物的清关带来了前所未有的管理创新变革。

为培养和造就能适应现代外贸企业需求的、具备较高综合社会素质的国际贸易进出境货物清关人才,提升高校国际贸易相关专业学生的实际清关技能,特编写此本实训教材。本书与《国际贸易进出境货物海关清关实务(上册)》配套,期望知识的传递和技能的达成与目前所执行的实际清关流程相符。

本书第一章至第三章由具备多年专业报关公司、国际贸易企业关务主管实战经验,重庆城市管理职业学院外聘“双师型”教师吴洪蝶执笔编写;本书第四章和第五章由重庆工业职业技术学院报关与国际货运专业带头人张晓妮老师执笔编写;全书由唐超平老师逐一审核,最终修订成书。

本书在最终修订编写中受到了各地海关朋友、报关一线就业学生，以及唐超平老师创建的“高校报关师资教学研讨群”内老师们的大力支持,在此特感谢如下:

特别致谢刘鹏、余先丽、岳喜克、李富江、黎瑶、陈贤惠、杨国庆、路德慧、黄均、向家成、包万能、易芙蓉、周仁申、王礼国、叶春梅、但娟、何瑞、吴红毅等在实际报关资料的提供方面给予的帮助。

特别致谢重庆经贸职业学院、海南经贸职业技术学院、重庆传媒职业学院、成都职业技术学院、昆明冶金高等专科学校、重庆电子工程职业学院、重庆师范大学涉外商贸学院、重庆青年职业技术学院、苏州科技学院、陕西青年职业技术学院等高职院校所提供的教学实习研讨机会。

本书错漏之处，敬请各位专家、读者朋友予以批评指正。

唐超平

2015 年 6 月于重庆南山

目 录

MULU

第一章　国际贸易进出境货物概述

实训目的

1. 通过案例了解国际贸易进出境货物常见分类；
2. 了解国际贸易进出境货物的清关流程与各环节具体工作职责。

技能达成

1. 掌握国际贸易进出境货物清关流程具体需要做什么；
2. 掌握国际贸易进出境货物清关流程六个环节的对应关系，思考每个环节需要什么单证，如何办理；明确后面章节的知识要点，规划掌握技能的学习方案。

一、单项选择题

1. 报关指进出境当事人(运输工具负责人、货物的收发货人即货主、物品所有人或其代理人)向海关办理进出境申报手续或相关事务的过程。这个“境”指的是(　　)。

A. 国境　　B. 关境　　C. 边境　　D. 边防

2. 现行进出境货物的清关模式一般为(　　)。

A. 先报检，再报关　　B. 先报关，再报检

C. 只报检　　D. 只报关

3. 以各种报关单形式进行申报的对象是(　　)。

A. 进出境运输工具　　B. 进出境货物

C. 进出境物品　　D. 进出境旅客

4. 我国出入境检验检疫的主管部门是(　　)。

A. 国家质量监督检验检疫总局

B. 海关总署

C. 国家工商总局

D. 国家税务总局

5. 下列未被列入报关对象的是(　　)。

A. 进出境运输工具　　B. 进出境货物

C. 进出境物品　　D. 进出境旅客

6. 下列属于进出境邮递物品申报时需要递交给海关的单据是(　　)。

A. 申报单　　B. 报税单

C. 通关单　　D. 备案清单

7. 我国的关境与国境的关系是(　　)。

A. 关境大于国境　　B. 关境等于国境

C. 关境小于国境　　D. 国境包括关境与单独关税地区

8. 下列(　　)环节是清关流程中最重要也是最后的一个环节。

A. 监管证件申领　　B. 办理报检手续

C. 办理报关手续　　D. 办理商品预归类手续

9. “海关监管证件代码简表”中代码“A”代表的海关监管证件是(　　)。

A. 入境货物通关单　　B. 出境货物通关单

C. 自动进口许可证　　D. 出口许可证

10. 福建泉州泉利不锈钢有限责任公司从美国进口一台不锈钢生产设备，该设备海关监管代码为“A”和“O”，该企业关务员应该如何准备相关单证？(　　)

A. 先申领“A”证，再申领“O”证

B. 先申领“O”证，再申领“A”证

C. 两证可以同时办理

D. 两证都可以不用申领

二、多项选择题

1. 商检机构出具的常见证书有(　　)。

A. 普惠制原产地证

B. 品质检验证书

C. 数量检验证书

D. 出入境货物通关单 A 或 B

2. 按报关形式分类，报关可分为(　　)。

A. 进境报关

B. 自理报关

C. 代理报关

D. 出境报关

3. 进出境货物报关时,不同的监管货物需填制与其对应的报关单。其中,主要报关单有(　)。

A. 进/出口货物报关单

B. 出口加工区进/出境货物备案清单

C. 保税物流园区/中心转出清单

D. 进出境快件专用 KJ1、KJ2、KJ3 报关单

4. 国际贸易进出境货物按照海关的监管方式可以分为(　　)。

A. 一般进出口货物

B. 保税货物(含保税加工和保税物流货物)

C. 特定减免税货物

D. 暂准进出境货物和其他进出境货物

5. 国际贸易货物出口顺利装运及进口快捷提取的必要前提是:必须由(　　)向检验检疫机构和海关办结报检、报关清关手续和相关事务。

A. 企业关务人员

B. 报检人员

C. 单证员

D. 报关人员

三、判断题

1. 通关比报关的范围大,它不仅包括进出境当事人向海关办理进出境报关的过程,还包括海关对进出境运输工具、货物、物品进行监督管理,核准其进出境的全过程。(　　)

2. 关境通常都小于国境。(　　)

3. 进出境货物必须向海关办结进出口申报手续后,方能提取或装运。(　　)

4. 报关是在设立海关的地点,对进出境货物、物品和运输工具办理进出境手续和相关海关事务的过程。(　　)

5. 海关在进出境监管环节审核"单""证""货"三要素必须都达到"单单相符""单证相符""单货相符"以及"证货相符"。(　　)

6. 进出境货物清关流程最重要的环节是先要经海关核准商品编码,因为商品编码的核准牵涉到后面监管证件的申领、税费的缴纳和计量单位的申报。(　　)

7. 目前我国海关所编制的《进出口税则》和《海关统计商品目录》是根据世界海关组织修订的 2012 年版《商品名称及编码协调制度》来编译和转换、编制的。(　　)

8. 报关手续通常先于报检手续的办理。(　　)

9. 国际贸易进出境货物涉及许可证管制的,必须在办理报检和报关手续之前,完成进出口许可证件的申领,否则无法办理报检和报关手续,影响货物的清关,造成企业不必要的费用支出。(　　)

10. 商检通常是指商品品质检验、动植物检验检疫和卫生检疫。(　　)

四、案例分析

北京大发汽车行从德国原装进口100辆原装奔驰SLK300敞篷跑车,经由天津新港海关(0202)申报进境。请在网上查找该票货物的HS编码以及是否需要办理相关贸易管制许可证件,并简述该批奔驰车辆的进口清关流程。

第二章　国际贸易进出境海关管理

实训目的

1. 熟悉报关的分类及直接代理与间接代理之间所承担法律责任的不同；
2. 熟悉海关的性质、任务、权力及体制，特别是海关权力的使用原则；
3. 熟悉海关对报关单位的管理以及AEO认证管理办法。

技能达成

1. 具备根据所学的海关权力方面的知识处理实际工作中案例的能力；
2. 可以处理报关单位的海关注册登记、变更等业务，明确自己的法律责任。

第一节　概　述

一、单项选择题

1. 进境运输工具载有货物、物品的，舱单传输人应当在规定的时限内向海关传输________主要数据；出境运输工具预计载有货物、物品的，舱单传输人应当在办理货物、物品申报手续以前向海关传输________主要数据。(　　)

A. 原始舱单，预配舱单

B. 装载舱单，预配舱单

C. 原始舱单，装载舱单

D. 预配舱单，原始舱单

2. 下列关于报关概念表述错误的是(　　)。

A. 报关是指进出口货物收发货人或其代理人向海关办理货物进出境手续及相关海关事务的过程

B. 报关与通关既有联系又有区别，一般而言，报检应先于报关手续的办理

C. 进出口货物应当在设有海关的地点进出境并办理报关手续

D. 除了进出境货物外,进出境运输工具、进出境物品和进出境人员也需向海关报关

3. 根据《中华人民共和国海关法》(以下简称《海关法》)的规定,(　　)是海关对进出境行李物品监管的基本原则,也是对进出境行李物品报关的基本要求。

A. 合理在境内使用原则

B. 合法进出境原则

C. 自用合理数量原则

D. 不再转让原则

4. 我国是《万国邮政公约》的签约国之一,根据这一公约的规定,进出境邮递物品的"报税单"和"绿色标签"应随同物品通过(　　)或当事人呈递给海关。

A. 快递公司

B. 外贸公司

C. 邮政企业

D. 收发货人

5. 根据《万国邮政公约》的规定,进出境物品向海关办理报关的单证是(　　)。

A. 报税单

B. 绿色标签

C. 报关单

D. 备案清单

二、多项选择题

1. 我国进出口报关的分类为(　　)。

A. 进口报关和出口报关

B. 货物进出境报关和运输工具、物品进出境报关

C. 自理报关和代理报关

D. 直接代理报关和间接代理报关

2. 进出境货物的报关,由进出口企业关务人员或专业报关公司的报关人员向海关进行(　　)手续的办理。

A. 进出境申报

B. 配合查验

C. 缴纳税费

D. 提取或装运货物

3. ( )适合直接代理报关方式。

A. 报关企业

B. 保税加工企业

C. 外贸企业

D. 国际货运代理企业

4. 下列关于代理报关方式理解正确的有( )。

A. 直接代理报关方式只适用经营快件业务的国际货运代理公司

B. 间接代理报关方式是以报关企业名义报关

C. 直接代理报关方式法律后果直接作用于报关企业

D. 直接代理报关方式报关时必须出具"报关委托书"

5. 下列哪些情况,进出境旅客携带的行李物品可以走绿色通道,免于向海关申报?( )

A. 携带的旅行自用物品在数量和价值上均不超过免税限额

B. 无国家限制或禁止进出境物品的旅客

C. 外交人员

D. 16 周岁以下旅客

三、判断题

1. 在任何地方均可办理运输工具、货物、物品进出境的海关申报手续。( )

2. 间接代理报关只适用于经营快件业务的国际货物运输代理企业。( )

3. 带有绿色标志的通道适用于携运物品在数量和价值上都超过免税限额的旅客。( )

4. 进境运输工具载有货物、物品的,运输工具负责人应当在规定时限向海关传输原始舱单主要数据,并在进境货物、物品运抵目的港以前向海关传输原始舱单的其他数据。( )

5. 美国驻华使馆工作人员从美国进口公务用车,该车进口不需要向海关申报。( )

6. 参加珠海国际航展会的俄罗斯苏－35 战机及其携带的维修器材属于暂时进境货物,因此可以不用办理任何手续,直接向海关申报。( )

7. 参加珠海国际航展会的俄罗斯苏－35 战机及其携带的维修器材属于暂时

进境货物,因此需先向海关办理暂准进口批准手续,然后再向海关办理进口报关手续。(　　)

8. 进境货物、物品运抵目的港前,运输工具的负责人或其代理人需向海关发送预配舱单电子数据进行申报。(　　)

9. 进境货物、物品运抵目的港前,运输工具的负责人或其代理人需向海关发送原始舱单电子数据进行申报。(　　)

10. 出境货物、物品在向海关办理出口申报手续前,运输工具的负责人或其代理人需向海关发送原始舱单电子数据进行申报。(　　)

知识拓展

(一)与舱单管理相关的术语

“原始舱单”,是指舱单传输人向海关传输的反映进境运输工具装载货物、物品或者乘载旅客信息的单据。

“预配舱单”,是指反映出境运输工具预计装载货物、物品或者乘载旅客信息的单据。

“装(乘)载舱单”,是指反映出境运输工具实际配载货物、物品或者载有旅客信息的单据。

“提(运)单”,是指用以证明货物、物品运输合同和货物、物品已经由承运人接收或者装载,以及承运人保证据以交付货物、物品的单据。

“总提(运)单”,是指由运输工具负责人、船舶代理企业所签发的提(运)单。

“分提(运)单”,是指在总提(运)单项下,由无船承运业务经营人、货运代理人或者快件经营人等企业所签发的提(运)单。

“运抵报告”,是指进出境货物、物品运抵海关监管场所时,海关监管场所经营人向海关提交的反映货物、物品实际到货情况的记录。

“理货报告”,是指海关监管场所经营人或者理货部门对进出境运输工具所载货物、物品的实际装卸情况予以核对、确认的记录。

(二)舱单和货物报关的关系

我国海关把舱单与货物的进出境结合起来管理,舱单是指进出境船舶、飞机等运输工具负责人或其代理人向海关提交的真实、准确反映运输工具所载货物情况的载货清单(中国电子口岸联网电子数据)。

以轮船公司为例,即将货主提单上的信息录入到轮船公司系统中,然后通过其自身的系统生成标准的电子格式,内容包括收发货人信息、货物品名、箱号等。再将电子数据转给轮船代理方,代理方通过自身的系统上传到海关网络系统,当海关接受其数据时,也就是运输工具申报成功之日。

根据《海关对进出境运输工具舱单管理规程》,海关对于主要运输工具的舱单监管规定如下:

1. 船舶:船舶进境时,船舶负责人或其代理人在规定时间内负责向海关申报由船舶负责人签章的进口纸质舱单。船舶进境前或进境时,船舶代理人应按规定向海关传输舱单电子数据。如因特殊原因未能在船舶进境前或进境时传输电子舱单数据的,船舶进境时经向海关申请并核准后,应在进境后的 24 小时内完成电子舱单数据的传输。

船舶出境时,船舶负责人或其代理人应在规定时间内向海关递交由船舶负责人签字确认的出口纸质舱单。船舶离港后的 72 小时内,船舶代理人应向海关补充提交出口清洁舱单,同时向海关传输舱单电子数据。

2. 飞机:进境飞机到港前,航空公司或其代理人按规定向海关传输舱单电子数据。飞机抵达后的 2 小时内,航空公司或其代理人应向海关递交所载货物总舱单和分舱单。

出境飞机驶离时,飞机负责人或其代理人应向海关递交纸质载货清单,出境飞机负责人或其代理人在飞机离港后的 24 小时内,按规定向海关传输原始舱单电子数据。

第二节 海关管理

一、单项选择题

1. 中华人民共和国海关是(　　)。

A. 国家的进出口货物的监督管理机关

B. 国家的进出国境的监督管理机关

C. 国家的进出关境的管理机关

D. 国家的进出关境的监督管理机关

2. 下列不属于海关监督管理对象的是(　　)。

A. 进出境运输工具

B. 进出境货物

C. 我国农民在国内市场自产自销的农产品

D. 进出境物品

3. 工商行政管理部门查获应给予行政处罚的香烟走私案件,需移送(　　)依法处理。

A. 海关

B. 税务部门

C. 上一级工商行政管理部门

D. 烟草专卖部门

4. 海关对有走私嫌疑的运输工具、藏匿走私货物物品嫌疑的场所行使检查权时(　　)。

A. 不能超出海关监管区和海关附近沿海沿边规定地区的范围

B. 不受地域限制,但不能检查公民住处

C. 在海关监管区和海关附近沿海规定地区,海关人员可直接检查;超出这个范围,只有在调查走私案件时,才能直接检查,但不能检查公民住处

D. 在海关监管区和海关附近沿海规定地区,海关人员可直接检查;超出这个范围,只有在调查走私案件时,经直属海关关长或其授权的隶属海关关长批准才能进行检查,但不能检查公民住处

5. 一般说来,海关权力行使应遵循合法原则、适当原则、(　　)、依法受到保障原则。

A. 依法独立行使原则

B. 双赢原则

C. 相互制约原则

D. 平衡原则

6. 根据我国缉私体制,不具有查缉走私权力的单位是(　　)。

A. 海关

B. 公安机关

C. 司法局

D. 税务部门

7. 下列(　　)不属于海关行政处罚的基本形式。

A. 警告

B. 罚款

C. 没收走私货物、物品、运输工具及违法所得

D. 取缔未经注册登记企业的有关活动

8. 仁达公司于 3 月 2 日申报进口食品一批，经审核海关于当日开具税款缴款书。该公司于 4 月 2 日缴纳税款，海关对仁达公司超期缴纳税款开征滞纳金，属于海关行使(　　)。

A. 行政强制权

B. 税费征收权

C. 行政审批权

D. 行政裁定权

9. 依法对特定的进出口货物、物品减征或免征关税属于海关行使(　　)。

A. 行政许可权

B. 税费征收权

C. 行政裁定权

D. 行政强制权

10. 海关对于暂准进出境货物，应在收发货人缴纳相当于税款的保证金或者提供其他形式的担保后，方可暂免征收关税。海关的此项权力属于(　　)。

A. 税费征收权

B. 行政强制权

C. 行政处罚权

D. 行政审批权

二、多项选择题

1. 下列选项中属于海关税费征收权范围的有(　　)。

A. 对逾期缴纳进出口税费的，依法征收滞纳金

B. 依法对特定的进出口货物减征或免征关税

C. 对经海关放行后的进出口货物，发现少征或漏征税款的，依法补征、追征税款

D. 进出口货物的收发货人超过规定期限未缴纳税款的，经直属海关关长批准，将应税货物依法变卖，以变卖所得抵缴税款

2. 下列行政行为中,属于海关行使行政强制权的有(　　)。

A. 依法提取变卖处理超期未报货物

B. 对超期未纳税的货物征收滞纳金

C. 扣留纳税义务人价值相当于应纳税款的货物

D. 取消有违法情事的报关企业的报关资格

3. 进出口货物纳税人在规定的期限内没有缴纳税款的,经直属海关关长或者其授权的隶属海关关长的批准,海关可以(　　)。

A. 书面通知其开户银行或者其他金融机构从其存款内扣缴税款

B. 将应税货物依法变卖,以变卖所得抵缴税款

C. 扣留并依法将其价值相当于应缴纳税款的货物或者其他财产进行变卖处理,以变卖所得抵缴税款

D. 扣留进出口货物纳税人

4. 根据《海关法》的规定,海关的基本任务有(　　)。

A. 监管　　B. 征税

C. 缉私　　D. 编制海关统计

5. 下列属于海关性质的有(　　)。

A. 海关是国家行政机关

B. 海关是国家进出境监督管理机关

C. 海关的监督管理是国家行政执法活动

D. 海关是国家司法机关

6. 海关在对浙江湖州某进出口公司的稽查中发现,该企业的一批席梦思床垫进口报关单据上的进口数量与财务账面上实际进口数量不符,并查实该批货物偷逃关税 2 万元,根据《刑法》规定不构成走私罪。以下表述正确的有(　　)。

A. 海关可以对其按走私罪论处,并移交司法机关追究其刑事责任

B. 海关可以对该企业进行处罚

C. 海关不能对该企业进行处罚

D. 海关可以对其处以偷逃税款的 30%～200%的罚款

7. 海关的设关原则有(　　)。

A. 对外开放口岸

B. 海关监管业务集中的地点

C. 人口多的地方

D. 边境

8. 根据《海关法》的规定，海关可以行使下列哪些权力？（　）

A. 检查进出境运输工具、查验进出境货物、物品

B. 查阅、复制与进出境运输工具、货物、物品有关的合同、发票、账册、单据、记录、文件、业务函电、录音、录像制品和其他资料

C. 在调查案件时，调查关员可以直接查询案件涉嫌单位和涉嫌人员在金融机构、邮政企业的存款、汇款

D. 在调查案件时，经直属海关关长或其授权的隶属海关关长批准，可以扣留走私犯罪嫌疑人，扣留时间不超过24小时，特殊情况可延长至48小时

9. 某客户提供的商业发票和装箱单中的商品名称不一致，为图方便，江陵报关公司的报关人员在代理申报时修改了发票中的商品名字，被海关发现，并认定为伪造单证行为，需要进行处罚。下列表述正确的有（　　）。

A. 海关处罚的行为仅作用于江陵报关公司

B. 海关处罚的行为同时作用于委托代理人和江陵报关公司

C. 海关可以对江陵报关公司的行为处以5万元以上50万元以下的罚款

D. 海关可以撤销该报关公司的报关企业注册登记

10. 云南天马打印耗材有限公司是在昆明海关注册登记的自理报关单位，现需要在上海外港海关申报一批油墨原料进口。下列有关天马公司通关方案表述正确的有（　　）。

A. 天马公司必须到上海海关办理报关注册手续

B. 天马公司可以直接在昆明属地海关进行报关，上海外港海关验放

C. 天马公司可以申请将货物转关运输到属地海关再进行申报

D. 天马公司可以委托上海的报关行向进境地外港海关直接办理进口报关手续

三、判断题

1. 我国海关是进出关境的监督管理机关，具有监管、征税、查缉走私和编制海关统计等四项任务。（　　）

2. 国家实行联合缉私、统一处理、综合治理的缉私体制，海关负责组织、协调、管理查缉走私工作。（　　）

3. 海关统计是以进出口货物作为统计和分析的对象，进出境物品未超过自用、合理数量的，列入海关统计。（　　）

4. 海关对进出境运输工具的检查不受海关监管区域的限制。（　　）

5. 根据《海关法》规定的设关原则，如果海关监督管理需要，那么国家可以在

现有的行政区划之外安排海关的上下级关系和海关的相互关系。(　　)

6. 海关监管不是海关监督管理的简称。(　　)

7. 直属海关是指由海关总署领导,负责管理一个省内海关业务的海关。(　　)

8. 隶属海关是指由直属海关领导,负责办理具体海关业务的海关,是海关进出境监督管理职能的基本执行单位。(　　)

9. 经相关关长批准后,海关可查阅涉案单位和人员在金融机构、邮政企业的存款、汇款。(　　)

10. 某海关于 11 月 27 日接受了一家公司进口玉石的申报并出具税款专用缴款书,次年 3 月 1 日企业仍未缴纳税款,海关可依法变卖其所扣留货物,以变卖所得抵缴税款。(　　)

四、填表题

检查权适用范围

对　象	区　域	授　权　限　制
进出境运输工具	两区内外	
走私嫌疑人的身体		可直接检查,但不能在两区外检查
	两区内	海关有关部门可以直接行使,但不能检查公民住处
	两区外	1. 2.

五、实务题

1. 某海关在 2016 年缉私发现某公司一起走私案,案值达 7 450 万元,偷逃税款 670 万元。该公司长期采用伪报品名、低报价格等方式逃避海关监管,专门从事某产品的进口业务,牟取不正当利益。请结合该案例,简述海关的监管任务。

2. 上海某进出口企业于 2016 年 1 月从日本以一般贸易方式进口一批货物，该货物进口申报后经过配合查验，缴纳进口税费后海关予以放行。半年后，有人举报该公司进口的货物存在申报不实、偷逃税款的违规行为，海关立即对该企业实施了稽查。

案例中体现了海关的哪些权力？海关稽查时可以行使哪些权力？

3. 原厦门远华特大走私案，其涉案金额之巨，办案时间之长，规模之大，案件涉及面之广，是前所未有的，堪称中华人民共和国第一经济大案，从而引起国内外的广泛关注。从 1999 年到案发，远华集团从事走私犯罪活动达五年之久，走私货物总值 530 亿元，偷逃税款 300 亿元，造成国家直接经济损失总计 830 亿元。结合案例展开讨论，谈谈你对走私行为及其危害性的认识，以及海关在打击走私活动中所起的重要作用。

六、案例分析题(不定项选择)

湖北九峰机械设备有限公司委托长江国际货运公司以一般贸易方式向海关申报进口汽车零部件。经海关审单和查验发现，该公司实际进口数量多于申报数量，涉嫌漏缴税款 23 万元，且部分零部件涉嫌侵犯在海关总署备案的知识产权。经海关进一步调查，该进口货物收货人并无以伪报、瞒报方式逃避海关监管、偷逃应缴税款的主观故意，进口汽车零部件申报不实是由于九峰公司业务员提供申报材料有误及长江公司报关人员未认真核查有关单证，工作疏忽所致。

请根据上述案例，回答下列问题：

1. 由于申报不实导致漏缴税款 23 万元,下列对华峰公司的表述正确的有(　　)。

A. 该公司已构成走私罪

B. 由于不存在逃避海关监管、偷逃应缴税款的主观故意,该公司不构成走私行为

C. 由于不存在逃避海关监管、偷逃应缴税款的主观故意,该公司不构成违规行为

D. 因为该票货物系委托代理报关,该公司不承担任何海关法律责任

2. 由于申报不实导致漏缴税款 23 万元,下列对长江货运公司的表述正确的有(　　)。

A. 由于长江公司系受九峰公司委托办理报关事宜的,由此产生的一切法律后果均应由委托人承担,该公司不承担任何海关法律责任,该公司工作差错所导致的后果应由其与九峰公司在民事法律层面协商解决

B. 长江公司应承担对委托人所提供情况的真实性未进行合理审查或者因工作疏忽而导致申报不实的违规责任

C. 长江公司承办本次业务的报关人员应承担对委托人所提供情况的真实性未进行合理审查或者因工作疏忽而导致申报不实的所有违规法律责任

D. 由于该票货物系由长江公司负责办理报关事宜,该公司应承担申报不实而导致的所有法律责任

3. 两家公司如对海关处理决定不服,可以(　　)。

A. 向海关提请行政裁定

B. 向上级海关申请行政复议

C. 向人民法院提起行政诉讼

D. 先向上级海关申请行政复议,对复议决定不服的,方可向人民法院提起行政诉讼

4. 对于涉嫌侵权的零部件,海关(　　)。

A. 不予放行,书面通知知识产权权利人

B. 可以直接扣留

C. 可以直接没收

D. 直接就是否侵权进行调查、认定

5. 若海关已扣留涉嫌侵权货物(　　)。

A. 如属根据知识产权权利人申请扣留,自扣留之日起 20 个工作日内未收到人民法院协助执行通知的,海关做出放行决定

B. 如属海关依职权扣留的，自扣留之日起50个工作日内未收到人民法院协助执行通知，并且经调查不能认定被扣留的侵权嫌疑货物侵犯知识产权的，海关做出放行决定

C. 涉嫌侵犯专利权货物的收货人在向海关提供与货物等值的担保金后，请求海关放行的，海关予以放行，但海关在调查期间认定侵犯有关专利权的除外

D. 海关认为收货人有充分证据证明其货物未侵犯知识产权权利人的知识产权的，海关做出放行决定

第三节　报关单位的海关管理

一、单项选择题

1. 下列(　　)不属于海关监管对象。

A. 中国远洋总公司所属“长白山”号集装箱远洋运输船

B. 北京轻工进出口公司

C. 进出境货物的携带人

D. 北京服装进出口公司对外签订服装销售合同后，所采购服装的国内生产企业

2. 报关企业注册许可，应由(　　)进行审核批准。

A. 海关总署

B. 直属海关

C. 隶属海关

D. 海关总署授权的直属海关

3. 在某项加工贸易活动中，下列属于报关单位的是(　　)。

A. 具有报关权，受加工贸易经营企业的委托，开展保税加工业务的企业

B. 没有报关权，在海关办理了保税加工注册登记手续，受加工贸易经营企业的委托，开展保税加工业务的企业

C. 具有报关权，由其经营并自行开展保税加工业务的企业

D. 没有报关权，亦未在海关办理保税加工注册登记手续，受加工贸易经营企业的委托，开展保税加工业务的企业

4. 下列关于报关或代理报关范围的表述错误的是(　　)。

A. 进出口货物收发货人只能办理本企业(单位)进出口货物的报关业务

B. 代理报关企业只能接受有权进出口货物单位的委托，办理本企业承揽、承运货物的报关业务

C. 专业报关企业可接受进出口货物收发货人在各种运输承运关系下委托办理的报关业务

D. 进出口货物收发货人、报关企业只能在注册地海关办理报关业务

5. 下列关于报关企业和进出口货物收发货人报关范围的表述，正确的是(　　)。

A. 两者均可在施行区域一体化通关的各关区海关报关

B. 两者均只能在注册地海关辖区内各海关报关

C. 报关企业可以在关境内各海关报关，进出口货物收发货人只能在注册地海关辖区内各海关报关

D. 报关企业到澳门注册并代理报关

6. 按照《中华人民共和国海关企业分类管理办法》适用(　　)的报关企业过渡为高级认证企业，并可向海关申请换领“认证企业证书”。

A. AA类管理类别

B. A类管理类别

C. B类管理类别

D. C类管理类别

7. 报关企业是指已完成(　　)手续，取得办理进出口货物报关资格的境内法人。

A. 工商注册登记

B. 税务登记

C. 企业主管部门批准

D. 海关注册登记

8. 报关企业非法代理他人报关或超出其业务范围进行报关活动，情节严重的，海关可以做出以下哪种处理？(　　)

A. 暂停其执业

B. 处以罚款

C. 撤销其报关注册登记

D. 追究刑事责任

9. 重庆城市管理学院2015届毕业生小李应聘到重庆四海报关公司工作，重庆四海报关公司应该到海关为小王办理有关备案手续，海关核发(　　)，小李才能正式从事报关工作。

A. 报关员资格证书

B. 报关员证

C. 报关人员备案证明

D. 报关从业资格证书

10. 下列企业、单位中不属于报关单位的是(　　)。

A. 经海关批准,在海关临时注册登记的中国科学院

B. 在海关注册登记的代理报关业务的企业

C. 经海关批准,在海关临时注册登记的接受捐赠的单位

D. 在海关注册登记,受加工贸易经营企业的委托,开展保税加工业务的企业

11. 受进出口货物收发货人的委托,准确无误地填写进出口货物报关单和报关数据的预录入,陪同海关查验,对货物进行税则归类,提供报关事宜咨询服务等工作,属于(　　)的基本业务范围。

A. 进出口货物收发货人

B. 海关

C. 报关企业

D. 银行

12. 下列对于进出口货物收发货人和报关企业报关行为规则的表述错误的是(　　)。

A. 两者办理报关业务时,向海关递交的纸质进出口货物报关单必须加盖本单位在海关备案的报关专用章

B. 两者均应对其所属报关员的报关行为承担相应的法律责任

C. 两者均可以代理其他单位办理报关业务

D. 两者均可在其注册登记地直属海关关区内各口岸或者海关业务集中的地点办理报关业务

13. 具有对外贸易经营权的西安一家进出口企业,常年在西安、上海、深圳口岸进出口货物,该企业应(　　)。

A. 在西安向海关申请办理报关注册登记手续

B. 在上海向海关申请办理报关注册登记手续

C. 在深圳向海关申请办理报关注册登记手续

D. 在西安向海关申请办理报关注册登记手续,并分别在上海、深圳向海关办理分支结构注册登记手续

14. 温州大学从美国进口了一批教学设备,温州大学向所在地海关办理了备案手续,获得了临时注册登记证明。该登记证明有效期为(　　)。

A. 7 日　　B. 30 日　　C. 1 年　　D. 2 年

15. 目前海关已不再对企业实行分类管理，而是采用国际惯例的 AEO 信用认证管理。对于原分类为 A 类管理的企业，海关对其认证为(　　)。

A. 高级认证企业

B. 一般认证企业

C. 一般信用企业

D. 失信企业

16. 目前海关已不再对企业实行分类管理，而是采用国际惯例的 AEO 信用认证管理。在企业信用等级认定过程中，海关允许企业进行规范改进。规范改进期限由海关确定，最长不超过(　　)。

A. 10 日　　B. 30 日　　C. 90 日　　D. 1 年

17. 报关企业注册登记许可期限为(　　)。

A. 1 年　　B. 2 年　　C. 3 年　　D. 5 年

18. 进出口货物收发货人报关单位注册登记证书有效期为(　　)。

A. 1 年　　B. 2 年　　C. 3 年　　D. 长期有效

19. 下列表述不正确的是(　　)。

A. 报关许可是海关颁发报关许可证的前提条件，是从事报关法律行为之前必须履行的法定义务

B. 报关许可一经申请即可取得

C. 报关企业注册登记属于行政许可范畴，未经许可不得报关

D. 临时注册登记的，海关出具临时注册登记证明，但是不予核发注册登记证书

20. 报关单位对报关差错记录有异议的，可以自报关差错记录之日起(　　)内向记录海关以书面方式申请复核。

A. 7 日　　B. 10 日　　C. 15 日　　D. 30 日

二、多项选择题

1. 根据海关规定，无需办理报关注册登记许可，可直接向海关办理报关注册登记的单位有(　　)。

A. 兼营进出口代理报关业务的国际货物运输公司

B. 有权从事对外贸易经营活动的境内个体工商业者

C. 有权从事对外贸易经营活动的境内商贸组织

D. 需从事非贸易性进出口活动的台湾企业驻沪办事处

2. 下列未取得对外贸易经营者备案登记表，按照国家有关规定需要从事非贸易性进出口活动的，应当办理临时注册登记手续的单位有(　　)。

A. 境外企业、新闻、经贸机构、文化团体等依法在中国境内设立的常驻代表机构

B. 少量货样进出境的单位

C. 国家机关、学校、科研院所等组织机构

D. 临时接受捐赠、礼品、国际援助的单位

3. 进出口收发货人进口货物可采用的报关方式有(　　)。

A. 自理报关

B. 委托报关行以委托人的名义代理报关

C. 委托已在海关办理报关注册的货代公司以委托人的名义代理报关

D. 委托报关公司以报关公司的名义代理报关

4. 某中日合资企业需到注册地海关办理报关注册登记手续，应向海关递交的文件资料包括(　　)。

A. 企业法人营业执照副本复印件

B. 中华人民共和国外商投资企业批准证书

C. 报关单位财务明细表

D. 报关单位管理人员情况登记表

5. 进出口货物收发货人有下列哪些情形之一的，应当以书面形式向注册地海关办理注销手续？(　　)

A. 破产、解散、自行放弃报关权或分立成两个以上新企业的

B. 被工商行政管理机关注销登记或吊销营业执照的

C. 丧失独立承担责任能力的

D. 对外贸易经营者备案登记表或外商投资企业批准证书失效的

6. A 公司代理 B 公司报关时，因 B 公司所提供情况失实，A 公司对 B 公司所提供情况也未进行合理审查，影响了国家出口退税管理，海关(　　)。

A. 可以对 A 公司处以罚款，暂停其从事报关业务

B. 对 B 公司处以罚款

C. 对 A 公司的报关人员可以解除劳动合同

D. 对 B 公司主管人员予以警告，并处以罚款

7. 报关企业(　　)，海关可以暂停其从事报关业务。

A. 构成走私犯罪的

B. 损坏海关监管货物，不能提供正当理由的

C. 向海关工作人员行贿的

D. 拒绝履行纳税义务的

8. 海关依法可以注销企业海关注册登记许可的情况有(　　)。

A. 注册登记许可有效期届满的

B. 被工商行政管理部门吊销营业执照的

C. 提供虚假资料,骗取注册登记许可的

D. 报关企业依法终止的

9. 报关企业注册登记条件中要求提交的文件材料有(　　)。

A. 报关单位情况登记表

B. 企业法人营业执照副本复印件及组织机构代码证书副本复印件

C. 报关服务营业场所所有权证明或者使用权证明

D. 出资证明文件复印件

10. 报关单位有下列哪些情形的,海关予以警告,责令其改正,可以处1万元以下罚款?(　　)

A. 报关单位企业名称、企业性质等海关注册登记内容发生变更,未按照规定向海关办理变更手续的

B. 向海关提交的注册信息中隐瞒真实情况,弄虚作假的

C. 拖欠税款或者不履行纳税义务的

D. 报关单位工作人员行贿的

11. 企业有下列哪些情形之一的,海关认定其为失信企业?(　　)

A. 有走私犯罪或者走私行为的

B. 报关企业1年内违反海关监管规定行为次数超过上年度报关单、进出境备案清单总票数万分之五的,或者被海关行政处罚金额累计超过10万元的

C. 拖欠应缴税款、应缴罚没款项的

D. 上一季度报关差错率高于同期全国平均报关差错率1倍以上的

12. 下列哪些情况是企业认定为高级认证企业的标准?(　　)

A. 连续2个季度单季规范申报率超过85%

B. 报关企业连续1年无因违反海关监管规定被处罚金额超过1万元的行为

C. 报关企业1年内违反海关监管规定行为的次数不超过上年度代理申报报关单及进出境备案清单总票数的万分之一,且处罚金额累计3万元以下

D. 已装货集装箱要实施高安全度的封条，所有封条都要符合或超出现行 PASISO17712 对高度安全封的标准

13. 报关企业成立应当具备的条件包括(　　)。

A. 具备境内企业法人资格

B. 注册资本人民币 150 万元

C. 有符合从事报关服务所必需的固定经营场所和设施

D. 法定代表人无走私记录

14. 下列表述正确的有(　　)。

A. 报关单位如果遗失了注册登记证书，即使该证书在补办期间仍然处于有效期，该单位也不可以办理报关业务

B. 报关单位有权向海关查询其办理的报关业务情况

C. 进出口收发货人的报关专业章仅限于在其备案的直属海关关区使用

D. 报关单位向海关提交的纸质进出口货物报关单应当加盖本单位的报关专用章

15. 下列有关海关对报关单位的管理表述正确的有(　　)。

A. 报关单位应当在每年 6 月 30 日前向注册地海关提交报关单位注册信息年度报告

B. 进出口货物收发货人应当通过本单位所属的报关人员办理报关业务，或者委托海关准予注册登记的报关企业，由报关企业所属的报关人员代为办理报关业务

C. 报关企业所属报关人员备案内容发生变更的，报关企业及其分支机构应当在变更事实发生之日起 30 日内，持变更证明文件等相关材料到注册地海关办理变更手续

D. 报关单位对报关差错记录有异议的，可以自报关差错记录之日起 15 日内向记录海关以书面方式申请复核

三、判断题

1. 报关企业和进出口货物收发货人须经海关注册登记许可后方可向海关办理报关单位注册登记手续。(　　)

2. 报关企业注册登记证书与进出口货物收发货人报关注册登记证书有效期分别为 2 年和 3 年，并且都应当在有效期届满前 30 日到海关办理换证手续。(　　)

3. 武汉一家福利机构收到一批从广州进口的捐助品，准备在武汉办理进口报关，按照规定，该福利机构应该在武汉向拟报关海关办理临时注册登记，该临时注册登记证明有效期最长为7日。(　　)

4. 报关企业发生变更事项，应向直属海关公布的机构递交变更许可申请，然后由直属海关核准，在30日内到注册地海关办理变更。(　　)

5. 从事货物运输代理业务的货代企业经进出口货物收发货人的委托，都可以为自己承揽的货物办理报关业务。(　　)

6. 报关企业在依法取得注册登记许可的直属海关关区内各口岸从事报关服务，应当在拟从事报关服务的口岸地依法设立分支机构，并且向拟注册地海关申请报关企业分支机构注册登记许可。(　　)

7. 报关企业对其跨关区分支机构的报关行为不承担法律责任。(　　)

8. 报关单位必须在取得对外贸易经营权并依法在海关注册登记后，才能办理报关手续。(　　)

9. 大连某外贸公司需要在天津口岸进出口货物，因此希望在天津海关进行报关。那么该外贸公司应当在大连向海关申请办理报关注册登记手续，并在天津向海关办理分支机构注册登记手续。(　　)

10. 报关员母俊方在办理报关业务时虚报货物价值，构成了违法行为，母俊方要承担相应的法律责任，但其所在的报关公司不需要承担相应责任。(　　)

11. 进出口货物收发货人可以委托其他收发货人以报关公司的名义代理报关。(　　)

12. 由于海关总署取消了报关员资格考试，所以报关单位所属人员从事报关业务不再需要到海关办理备案登记手续。(　　)

13. 海关认定新成立的报关企业为一般信用企业。(　　)

14. 对于高级认证的加工贸易企业，进行保税加工业务时，不实行银行保证金台账制度。(　　)

15. 对于一般认证的区内加工贸易企业，进行保税加工业务时，要实行银行保证金台账制度。(　　)

四、案例分析题

1. 2016年9月12日，华鹏有限公司经桂林商务局批准其外贸经营者备案许可，次日该公司即敲定一笔出口德国的业务，为提高办事效率，公司老总当天就派小王去海关申报出口手续，结果被海关拒绝。请分析其原因。

2. 山东威海某高校接受国外捐助的一台化学实验设备，在大连口岸报关时，海关以该高校没有进出口经营权为由拒绝接受报关，并要求该高校委托报关企业代理报关。请问：海关的要求是否合理，为什么？

3. 台商李佳龙先生在成都开办了A、B两家服装公司，为降低企业成本，李先生有以下两点设想：

(1)只对A公司向海关办理注册登记，取得报关权，如B公司需要报关时直接委托A公司办理；

(2)对A、B两公司都向海关办理注册登记，取得报关权，聘用一名关务人员办理两个公司的报关业务。

请问：李先生以上两种降低企业成本的设想是否可行，为什么？

4. 广州某货代公司报关员小党在从事报关业务中遇到这样一件事情：一家公司从国外进口了一种人造纤维纱线，报关时，海关要求验货，开箱后发现不是人造纤维纱线，而是一种进口关税比人造纤维纱线高出很多的氨纶丝。海关认为是小党所在公司与外商串通逃税。经进一步调查，发现是外商有意隐瞒，以逃避巨额关税。请问：小党作为报关员有没有责任？

知识拓展

2014 年 3 月 13 日,海关总署发布《中华人民共和国海关报关单位注册登记管理规定》(海关总署令第 221 号),该规定由《中华人民共和国海关对报关单位注册登记管理规定》(海关总署令第 127 号)、《中华人民共和国海关对报关员记分考核管理办法》(海关总署令第 119 号)和《中华人民共和国海关报关员执业管理办法》(海关总署令第 146 号)3 部行政规章合并修订而成。

修订的主要内容有:

1. 取消了报关员的注册登记,改为以报关企业名义对其所属从业人员进行备案。

2. 取消了报关员记分考核管理,不再对报关人员进行记分和考核管理,改为对报关单位报关差错进行记录。

3. 取消报关企业分支机构注册登记行政许可,进一步方便企业并降低企业成本。

4. 降低报关企业注册门槛,取消注册资本、报关员人数等条件限制。

5. 简化报关企业注册登记程序,将报关企业行政许可与注册程序合二为一,同时减少审批层级。

6. 大幅简化报关企业注册提交材料。

章节附录学习资料

中华人民共和国海关报关单位注册登记管理规定

(海关总署令第 221 号)

第一章　总则

第一条　为了规范海关对报关单位的注册登记管理,根据《中华人民共和国海关法》(以下简称《海关法》)以及其他有关法律和行政法规,制定本规定。

第二条　中华人民共和国海关是报关单位注册登记管理的主管机关。

第三条　报关单位办理报关业务应当遵守国家有关法律、行政法规和海关规章的规定,承担相应的法律责任。

报关单位对其所属报关人员的报关行为应当承担相应的法律责任。

第四条　除法律、行政法规或者海关规章另有规定外,办理报关业务的报关单位，应当按照本规定到海关办理注册登记。

第五条　报关单位注册登记分为报关企业注册登记和进出口货物收发货人注册登记。

报关企业应当经所在地直属海关或者其授权的隶属海关办理注册登记许可后，方能办理报关业务。

进出口货物收发货人可以直接到所在地海关办理注册登记。

报关单位应当在每年6月30日前向注册地海关提交《报关单位注册信息年度报告》。

报关单位所属人员从事报关业务的，报关单位应当到海关办理备案手续，海关予以核发证明。

报关单位可以在办理注册登记手续的同时办理所属报关人员备案。

第六条　进出口货物收发货人应当通过本单位所属的报关人员办理报关业务，或者委托海关准予注册登记的报关企业，由报关企业所属的报关人员代为办理报关业务。

海关可以将报关单位的报关业务情况以及所属报关人员的执业情况予以公布。

第七条　已经在海关办理注册登记的报关单位，再次向海关提出注册登记申请的，海关不予受理。

第二章　报关企业注册登记

第八条　报关企业应当具备下列条件：

（一）具备境内企业法人资格条件；

（二）法定代表人无走私记录；

（三）无因走私违法行为被海关撤销注册登记许可记录；

（四）有符合从事报关服务所必需的固定经营场所和设施；

（五）海关监管所需要的其他条件。

第九条　申请报关企业注册登记许可，应当提交下列文件材料：

（一）报关单位情况登记表；

（二）企业法人营业执照副本复印件以及组织机构代码证书副本复印件；

（三）报关服务营业场所所有权证明或者使用权证明；

（四）其他与申请注册登记许可相关的材料。

申请人按照本条第一款规定提交复印件的，应当同时向海关交验原件。

第十条　申请人应当到所在地海关提出申请并递交申请注册登记许可材料。

直属海关应当对外公布受理申请的场所。

第十一条 申请人可以委托代理人提出注册登记许可申请。

申请人委托代理人代为提出申请的,应当出具授权委托书。

第十二条 对申请人提出的申请,海关应当根据下列情况分别做出处理:

(一)申请人不具备报关企业注册登记许可申请资格的,应当做出不予受理的决定;

(二)申请材料不齐全或者不符合法定形式的,应当当场或者在签收申请材料后五日内一次性告知申请人需要补正的全部内容,逾期不告知的,自收到申请材料之日起即为受理;

(三)申请材料仅存在文字性或者技术性等可以当场更正的错误的,应当允许申请人当场更正,并且由申请人对更正内容予以签章确认;

(四)申请材料齐全、符合法定形式,或者申请人按照海关的要求提交全部补正申请材料的,应当受理报关企业注册登记许可申请,并做出受理决定。

第十三条 所在地海关受理申请后,应当根据法定条件和程序进行全面审查,并且于受理注册登记许可申请之日起 20 日内审查完毕。

直属海关未授权隶属海关办理注册登记许可的,应当自收到所在地海关报送的审查意见之日起 20 日内做出决定。

直属海关授权隶属海关办理注册登记许可的,隶属海关应当自受理或者收到所在地海关报送的审查意见之日起 20 日内做出决定。

第十四条 申请人的申请符合法定条件的,海关应当依法做出准予注册登记许可的书面决定,并送达申请人,同时核发中华人民共和国海关报关单位注册登记证书。

申请人的申请不符合法定条件的,海关应当依法做出不准予注册登记许可的书面决定,并且告知申请人享有依法申请行政复议或者提起行政诉讼的权利。

第十五条 报关企业在取得注册登记许可的直属海关关区外从事报关服务的,应当依法设立分支机构,并且向分支机构所在地海关备案。

报关企业在取得注册登记许可的直属海关关区内从事报关服务的,可以设立分支机构,并且向分支机构所在地海关备案。

报关企业分支机构可以在备案海关关区内从事报关服务。备案海关为隶属海关的,报关企业分支机构可以在备案海关所属直属海关关区内从事报关服务。

报关企业对其分支机构的行为承担法律责任。

第十六条 报关企业设立分支机构应当向其分支机构所在地海关提交下列备案材料:

(一)报关单位情况登记表;

(二)报关企业中华人民共和国海关报关单位注册登记证书复印件;

(三)分支机构营业执照副本复印件以及组织机构代码证书副本复印件;

(四)报关服务营业场所所有权证明复印件或者使用权证明复印件;

(五)海关要求提交的其他备案材料。

申请人按照本条第一款规定提交复印件的,应当同时向海关交验原件。

经审查符合备案条件的,海关应当核发中华人民共和国海关报关单位注册登记证书。

第十七条 报关企业注册登记许可期限为2年。被许可人需要延续注册登记许可有效期的,应当办理注册登记许可延续手续。

报关企业分支机构备案有效期为2年,报关企业分支机构应当在有效期届满前30日持本规定第十六条规定的材料到分支机构所在地海关办理换证手续。

第十八条 报关企业的企业名称、法定代表人发生变更的,应当持《报关单位情况登记表》《中华人民共和国海关报关单位注册登记证书》、变更后的工商营业执照或者其他批准文件及复印件,以书面形式到注册地海关申请变更注册登记许可。

报关企业分支机构企业名称、企业性质、企业住所、负责人等海关备案内容发生变更的,应当自变更生效之日起30日内,持变更后的营业执照副本或者其他批准文件及复印件,到所在地海关办理变更手续。

所属报关人员备案内容发生变更的,报关企业及其分支机构应当在变更事实发生之日起30日内,持变更证明文件等相关材料到注册地海关办理变更手续。

第十九条 对被许可人提出的变更注册登记许可申请,注册地海关应当参照注册登记许可程序进行审查。经审查符合注册登记许可条件的,应当做出准予变更的决定,同时办理注册信息变更手续。

经审查不符合注册登记许可条件的,海关不予变更其注册登记许可。

第二十条 报关企业办理注册登记许可延续手续,应当在有效期届满40日前向海关提出申请,同时提交本规定第九条第一款第(一)项至第(四)项规定的文件材料。依照海关规定提交复印件的,还应当同时交验原件。

报关企业应当在办理注册登记许可延续的同时办理换领中华人民共和国海关报关单位注册登记证书手续。

报关企业未按照本条第一款规定的时限提出延续申请的,海关不再受理其注册登记许可延续申请。

第二十一条 海关应当参照注册登记许可程序在有效期届满前对报关企业的延续申请予以审查。经审查认定符合注册登记许可条件,以及法律、行政法规、海关规章规定的延续注册登记许可应当具备的其他条件的,应当依法做出准予延续

2 年有效期的决定。

海关应当在注册登记许可有效期届满前做出是否准予延续的决定。有效期届满时仍未做出决定的,视为准予延续,海关应当依法为其办理注册登记许可延续手续。

海关对不再具备注册登记许可条件,或者不符合法律、行政法规、海关规章规定的延续注册登记许可应当具备的其他条件的报关企业,不准予延续其注册登记许可。

第二十二条 有下列情形之一的,海关应当依法注销注册登记许可:

(一)有效期届满未申请延续的;

(二)报关企业依法终止的;

(三)注册登记许可依法被撤销、撤回,或者注册登记许可证件依法被吊销的;

(四)由于不可抗力导致注册登记许可事项无法实施的;

(五)法律、行政法规规定的应当注销注册登记许可的其他情形。

海关依据本条第一款规定注销报关企业注册登记许可的,应当同时注销该报关企业设立的所有分支机构。

第三章 进出口货物收发货人注册登记

第二十三条 进出口货物收发货人应当按照规定到所在地海关办理报关单位注册登记手续。

进出口货物收发货人在海关办理注册登记后可以在中华人民共和国关境内口岸或者海关监管业务集中的地点办理本企业的报关业务。

第二十四条 进出口货物收发货人申请办理注册登记,应当提交下列文件材料,另有规定的除外:

(一)报关单位情况登记表;

(二)营业执照副本复印件以及组织机构代码证书副本复印件;

(三)对外贸易经营者备案登记表复印件或者外商投资企业(台港澳侨投资企业)批准证书复印件;

(四)其他与注册登记有关的文件材料。

申请人按照本条第一款规定提交复印件的,应当同时向海关交验原件。

第二十五条 注册地海关依法对申请注册登记材料进行核对。经核对申请材料齐全、符合法定形式的,应当核发中华人民共和国海关报关单位注册登记证书。

第二十六条 除海关另有规定外,进出口货物收发货人中华人民共和国海关报关单位注册登记证书长期有效。

第二十七条　下列单位未取得对外贸易经营者备案登记表，按照国家有关规定需要从事非贸易性进出口活动的，应当办理临时注册登记手续：

（一）境外企业、新闻、经贸机构、文化团体等依法在中国境内设立的常驻代表机构；

（二）少量货样进出境的单位；

（三）国家机关、学校、科研院所等组织机构；

（四）临时接受捐赠、礼品、国际援助的单位；

（五）其他可以从事非贸易性进出口活动的单位。

第二十八条　临时注册登记单位在向海关申报前，应当向所在地海关办理备案手续。特殊情况下可以向拟进出境口岸或者海关监管业务集中地海关办理备案手续。

第二十九条　办理临时注册登记，应当持本单位出具的委派证明或者授权证明以及非贸易性活动证明材料。

第三十条　临时注册登记的，海关可以出具临时注册登记证明，但是不予核发注册登记证书。

临时注册登记有效期最长为1年，有效期届满后应当重新办理临时注册登记手续。

已经办理报关注册登记的进出口货物收发货人，海关不予办理临时注册登记手续。

第三十一条　进出口货物收发货人企业名称、企业性质、企业住所、法定代表人（负责人）等海关注册登记内容发生变更的，应当自变更生效之日起30日内，持变更后的营业执照副本或者其他批准文件以及复印件，到注册地海关办理变更手续。

所属报关人员发生变更的，进出口货物收发货人应当在变更事实发生之日起30日内，持变更证明文件等相关材料到注册地海关办理变更手续。

第三十二条　进出口货物收发货人有下列情形之一的，应当以书面形式向注册地海关办理注销手续。海关在办结有关手续后，应当依法办理注销注册登记手续。

（一）破产、解散、自行放弃报关权或者分立成两个以上新企业的；

（二）被工商行政管理机关注销登记或者吊销营业执照的；

（三）丧失独立承担责任能力的；

（四）对外贸易经营者备案登记表或者外商投资企业批准证书失效的；

（五）其他依法应当注销注册登记的情形。

进出口货物收发货人未依照本条第一款主动办理注销手续的,海关可以在办结有关手续后,依法注销其注册登记。

第四章 报关单位的管理

第三十三条 报关单位有权向海关查询其办理的报关业务情况。

第三十四条 报关单位应当妥善保管海关核发的注册登记证书等相关证明文件。发生遗失的,报关单位应当及时书面向海关报告并说明情况。

海关应当自收到情况说明之日起 20 日内予以补发相关证明文件。遗失的注册登记证书等相关证明文件在补办期间仍然处于有效期间的,报关单位可以办理报关业务。

第三十五条 报关单位向海关提交的纸质进出口货物报关单应当加盖本单位的报关专用章。

报关专用章应当按照海关总署统一规定的要求刻制。

报关企业及其分支机构的报关专用章仅限在其取得注册登记许可或者备案的直属海关关区内使用。

进出口货物收发货人的报关专用章可以在全关境内使用。

第三十六条 报关单位在办理注册登记业务时,应当对所提交的申请材料以及所填报信息内容的真实性负责并且承担法律责任。

第三十七条 海关依法对报关单位从事报关活动及其经营场所进行监督和实地检查,依法查阅或者要求报关单位报送有关材料。报关单位应当积极配合,如实提供有关情况和材料。

第三十八条 海关对报关单位办理海关业务中出现的报关差错予以记录,并且公布记录情况的查询方式。

报关单位对报关差错记录有异议的,可以自报关差错记录之日起 15 日内向记录海关以书面方式申请复核。

海关应当自收到书面申请之日起 15 日内进行复核,对记录错误的予以更正。

第五章 附 则

第三十九条 报关单位、报关人员违反本规定,构成走私行为、违反海关监管规定行为或者其他违反《海关法》行为的,由海关依照《海关法》和《中华人民共和国海关行政处罚实施条例》的有关规定予以处理;构成犯罪的,依法追究刑事责任。

第四十条 报关单位有下列情形之一的,海关予以警告,责令其改正,可以处 1 万元以下罚款:

（一）报关单位企业名称、企业性质、企业住所、法定代表人（负责人）等海关注册登记内容发生变更，未按照规定向海关办理变更手续的；

（二）向海关提交的注册信息中隐瞒真实情况、弄虚作假的。

第四十一条　中华人民共和国海关报关单位注册登记证书、报关单位情况登记表、报关单位注册信息年度报告等法律文书以及格式文本，由海关总署另行制定公布。

第四十二条　本规定规定的期限以工作日计算，不含法定节假日、休息日。

第四十三条　本规定中下列用语的含义：

报关单位，是指按照本规定在海关注册登记的报关企业和进出口货物收发货人。

报关企业，是指按照本规定经海关准予注册登记，接受进出口货物收发货人的委托，以委托人的名义或者以自己的名义，向海关办理代理报关业务，从事报关服务的中华人民共和国关境内的企业法人。

进出口货物收发货人，是指依法直接进口或者出口货物的中华人民共和国关境内的法人、其他组织或者个人。

报关人员，是指经报关单位向海关备案，专门负责办理所在单位报关业务的人员。

报关差错率，是指报关单位被记录报关差错的总次数，除以同期申报总次数的百分比。

第四十四条　海关特殊监管区域内企业可以申请注册登记成为特殊监管区域双重身份企业，海关按照报关企业有关规定办理注册登记手续。

特殊监管区域双重身份企业在海关特殊监管区域内拥有进出口货物收发货人和报关企业双重身份，在海关特殊监管区外仅具报关企业身份。

除海关特殊监管区域双重身份企业外，报关单位不得同时在海关注册登记为进出口货物收发货人和报关企业。

第四十五条　本规定由海关总署负责解释。

第四十六条　本规定自公布之日起施行。2005 年 3 月 31 日以海关总署令第 127 号发布的《中华人民共和国海关对报关单位注册登记管理规定》同时废止。

第三章 国际贸易管制措施

实训目的

1. 熟悉我国对外贸易管制法律体系；

2. 熟悉国际对外贸易管制措施。

技能达成

1. 掌握我国货物、技术进出口管理制度及所涉及的相关许可证件；

2. 掌握我国贸易救济措施，并运用到工作中解决实务问题；

3. 能自行拓展尝试相关进出口许可证件的办理。

一、单项选择题

1. 下列不属于对外贸易管制对象的是(　　)。

A. 货物进出口贸易管制

B. 技术进出口贸易管制

C. 国际服务贸易管制

D. 物品进出口贸易管制

2. 基于监测进出口情况的需要，国家对部分属于自由进口的货物实行(　　)管理。

A. 自动进口许可

B. 进口合同登记

C. 进口许可证

D. 自由进口

3. 本年度实行进口许可证管理的货物有消耗臭氧层物质和重点旧机电产品，其中重点旧机电产品的发证机构为(　　)。

A. 计划单列市以及商务部授权的其他省会城市的商务主管部门

B. 各省、自治区、直辖市的商务主管部门

C. 商务部驻各地特派员办事处

D. 商务部配额许可证事务局

4. 某企业持一份证面数量为200吨的化肥自动进口许可证(非一批一证),以海运散装形式分两批进口化肥200吨,在第一批实际进口数量100吨的情况下,该企业可凭该份自动进口许可证总共最多可进口(　　)。

A. 210吨

B. 205吨

C. 203吨

D. 206吨

5. 下列不属于我国进出境检验检疫制度内容的是(　　)。

A. 进出口物品检验制度

B. 进出口商品检验制度

C. 进出境动植物检疫制度

D. 国境卫生监督制度

6. 下列(　　)不是我国进出口药品的管理对象。

A. 一般药品的进口

B. 一般药品的出口

C. 麻醉药品的进出口

D. 精神药品的进出口

7. 下列(　　)是可以在有效期内多次报关适用的。

A. 入境货物通关单

B. 进口废物批准证书

C. 进出口农药登记证明

D. 麻醉药品进出口准许证

8. 决定对原产于某国的进口产品采取反倾销、反补贴措施的国家机关是(　　)。

A. 海关总署

B. 商务部

C. 外交部

D. 国务院关税税则委员会

9. 有明确证据表明,来自日本的某种电子产品数量激增,将对国内产业造成难以补救的损害,同时调查表明该产品贸易价格低于日本本土平均价格,按照WTO原则,我国政府可以采取的贸易救济措施的是(　　)。

A. 反倾销措施

B. 反补贴措施

C. 保障措施

D. 征收报复性关税

10. 进口用于出版的音像制品,在组织进口前在(　　)申领进口音像制品批准单。

A. 广电总局

B. 新闻出版总署

C. 文化部

D. 商务部

11. 某进出口企业进口一批“已配剂量头孢菌素制剂”(同时列入《进口药品目录》和《进口兽药管理目录》),用于治疗畜禽疾病。该企业向海关申报时应提供(　　)。

A. 进口药品通关单

B. 进口兽药通关单

C. 进口药品通关单和进口兽药通关单

D. 进口药品通关单或进口兽药通关单

12. WTO 规则允许成员方使用贸易救济手段来保护国内产业不受损害,其中(　　)既可以采取提高关税的形式也可以采取数量限制的形式。

A. 反倾销措施

B. 反补贴措施

C. 最终保障措施

D. 进口关税配额证明

13. 下列列入自动进口许可管理货物目录的货物,可免交自动进口许可证的是(　　)。

A. 用于在北京开展的 3G 手机研讨会所使用的从国外进口的仪器、设备

B. 用于加工贸易项下进口精炼并复出口的原油

C. 外商投资企业作为投资进口的旧机电产品

D. 每批次价值超过 5 000 元的进口货样广告品

14. 自动进口许可证有效期为________;原则上实行“一批一证”管理,对“非一批一证”管理,在有效期内,可以分批次累计报关使用,但累计使用不得超过________。(　　)

A. 1 年;12 次

B. 6 个月;6 次

C. 6 个月;12 次

D. 9 个月;6 次

15. 进口许可证和出口许可证,如实行“非一批一证”,应在许可证的备注栏打印“非一批一证”字样,有效期内多次使用,但最多不超过(　　)。

A. 6 次

B. 8 次

C. 10 次

D. 12 次

16. 向海关申报出口列入属《出入境检验检疫机构实施检验检疫的进出境商品目录》(以下简称《法检目录》)出境管理的商品,报关单位应主动向海关提交有效的(　　)及有关单据。

A. 进境货物通关单

B. 出境货物通关单

C. 出口许可证

D. 进口许可证

17. 下列证件实行“非一批一证”管理的是(　　)。

A. 濒危野生动植物种国际贸易公约允许进口说明书

B. 出境货物通关单

C. 废物进口许可证

D. 精神药品进口准许

18. 无论以何种方式进口列入《进出口野生动植物商品目录》且属于我国自主规定管理的野生动植物及其产品,均须事先申领(　　)。

A. 公约证明

B. 非公约证明

C. 物种证明

D. 进口许可证

19. 任何单位以任何方式进出口列入《精神药品管制品种目录》的药品,均须取得(　　)核发的精神药品进出口准许证,准许证实行“一批一证”制度。

A. 国家食品药品监督管理局

B. 商务部

C. 卫生部

D. 国家环境保护总局

20. 关于我国对外贸易管制措施说法正确的是(　　)。
    A. 海关对进口原油、成品油、化肥、钢材四种大宗货物的散装货物的溢装数量在总量5%以内予以免证验放
    B. 国家规定对有数量限制的出口货物,实行许可证件管理
    C. 进口黄金及其制品,进口企业应事先向中国人民银行申领黄金及其制品进出口准许证
    D. 进口列入《中国禁止或严格限制的有毒化学品名录》的药品,不论用于何种用途,均须申领有毒化学品环境管理放行通知单,由国家食品药品监督管理局核发

二、多项选择题

1. 我国货物、技术进出口许可管理制度的管理范围包括(　　)。
   A. 禁止进出口货物和技术
   B. 限制进出口货物和技术
   C. 自由进出口的技术
   D. 实行自动许可管理的自由进口货物
2. 国家限制进出口货物采取的主要手段有(　　)。
   A. 进口关税配额管理
   B. 出口配额限制管理
   C. 进出口许可证管理
   D. 自由进出口管理
3. 一般实行两用物项和技术进口许可证管理的商品有(　　)。
   A. 监控化学品
   B. 消耗臭氧层物质
   C. 易制毒化学品
   D. 放射性同位素
4. 下列对两用物项和技术进出口许可证的使用,表述正确的有(　　)。
   A. 进口实行“非一批一证”制和“一批一关”制
   B. 出口实行“一批一证”制和“一证一关”制
   C. 有效期一般不超过1年,跨年度使用时在有效期内使用到次年3月31日
   D. 仅限于申领许可证的进出口经营者使用,不得买卖、转让、涂改、伪造和变造。

5.（　　）属于我国限制进口商品，其审批部门为环境保护部。

A. 放射性同位素

B. 自动许可进口类可用做原料的废物

C. 有毒化学品

D. 消耗臭氧层物质

6. 对外贸易经营黄金及其制品合法进出口的监管证件有（　　）。

A. 黄金产品出口准许证

B. 中国人民银行授权书

C. 黄金产品进出口许可证

D. 黄金产品进出口准许证

7. 目前，列入我国《禁止出口货物目录》的商品有（　　）。

A. 麝香　　B. 麻黄草　　C. 木炭　　D. 硅砂

8. 下列废物中，属于我国《固体废物污染环境防治法》管理范围的有（　　）。

A. 城市生活垃圾　　B. 工业固体废物

C. 液态废物　　D. 置于容器中的气态废物

9. 本年度实行出口许可证管理的商品有实行出口配额许可证、出口配额招标和出口许可证管理，其中实行出口配额许可证管理的商品有（　　）。

A. 大米　　B. 棉花　　C. 石蜡　　D. 煤炭

10. 关于进出口许可证管理下列描述正确的有（　　）。

A. 旧机电产品的进口许可证由商务部配额许可证事务局负责签发

B. 玉米、小麦、棉花、煤炭、原油、成品油的出口许可证由配额许可证事务局签发

C. 进口消耗臭氧层物质，经营者应在进出口前向主管部门申领进出口许可证，发证机构自收到符合规定的申请之日起 3 个工作日内发进（出）口许可证，特殊情况下最多不超过 10 个工作日

D. 出口甘草指定天津海关、上海海关、大连海关为出口报关口岸，甘草制品指定天津海关、上海海关为出口报关口岸

11. 国家密码局会同海关总署公布了《密码产品和含有密码技术的设备进口管理目录》，以签发密码进口许可证的形式，对该类产品实施进口限制管理。下列（　　）密码产品免于提交密码进口许可证。

A. 加工贸易项下为复出口而进口的

B. 由海关监管，暂时进口后复出口的

C. 特殊区域保税监管场所之间进出的

D. 从海关特殊监管区域、保税监管场所进入境内区外的

12. 下列选项实行“非一批一证”的有(　　)。

A. 两用物项和技术进口许可证

B. 两用物项和技术出口许可证

C. 非公约证明

D. 废物进口许可证

13. 实行关税配额管理的农产品有(　　)。

A. 小麦、大米、玉米　　B. 棉花

C. 食糖　　D. 羊毛、毛条

14. 入境货物通关单适用于(　　)。

A. 列入《法检目录》的商品

B. 进口可用作原料的废物

C. 进口旧机电产品

D. 进口捐赠的医疗器械

15. 在下列进出口商品中,(　　)系《麻醉药品管制品种目录》所列麻醉物品,货物所有人应当凭麻醉药品进出口准许证向海关办理报关手续。

A. 咖啡因　　B. 去氧麻黄碱

C. 鸦片　　D. 可卡因

16. 我国对部分旧机电产品的进口实行严格控制,分别实施(　　)管理。

A. 进口许可证

B. 自动进口许可证

C. 废物进口许可证

D. 禁止进口

17. 下列进出口商品中,(　　)系海关对美术品进出口管理的范围。

A. 绘画、书法、摄影作品

B. 艺术创作者许可并签名,数量为100件的复制品

C. 批量临摹的作品

D. 木雕、石雕、根雕

18. 进口(　　)需提交进口药品通关单。

A. 列入《进口药品目录》的药品

B. 列入《生物制品目录》的药品

C. 列入《兴奋剂目录》的药品

D. 首次在中国境内销售的药品

19. 在下列进出口商品中,(　　)系《兴奋剂目录》所列药品。

A. 蛋白同化制剂品种

B. 医疗用毒性药品种

C. 肽类激素品种

D. 麻醉药品品种

20. 下列哪些商品,货物所有人应当凭密码进口许可证向海关办理报关手续。(　　)

A. 一般贸易方式进口的加密路由器

B. 进口参加展览会的加密电话机

C. 含有密码技术但是暂未列入管理目录类的某商品

D. 加工贸易项下进口的密码机

三、判断题

1. 我国固体废物管理范围中不包括液态废物。(　　)

2. 进口属于进口许可证管理的货物,收货人在货物进境后,办理海关报关手续前,应向相应的发证机构提交进口许可证申请,并取得进口许可证。(　　)

3. 根据海关规定,关税配额内的进口货物,按照配额内税率缴纳关税,属于关税配额外的进口货物,按照配额外税率缴纳关税。(　　)

4. 昆山综合保税区结转一批加密传真机到重庆西永综合保税区,该批传真机结转报关时,可免交密码进口许可证。(　　)

5. 列入《进出口野生动植物种商品目录》中属于我国自主规定管理的野生动植物及其产品,不论以何种方式进出口,均须事先申领非公约证明。(　　)

6. 进出口许可证的签发统一由海关总署负责,实行三级发证管理。(　　)

7. 目前,我国对属于世界濒危物种管理范畴的犀牛角和虎骨仍列入禁止进出口的商品范围。(　　)

8. 我国对外贸易经营者的管理实行的是备案登记制。(　　)

9. 针对价格歧视行为而采取的贸易救济措施是保障措施。(　　)

10. 对列入国家公布的禁止进口目录以及其他法律、法规明令禁止或停止进口的货物的货物、技术,必须取得国家商务主管部门的许可才能经营进口。(　　)

11. “精神药品进出口准许证”可在各口岸海关报关使用,并实行“一批一证”制度。(　　)

12. “民用爆炸物品进/出口审批单”实行“一批一单”和“一单一关”管理。(　　)

13. 进口同时列入《进口药品目录》的兽药,海关核验“进口药品通关单”。(　　)

14. 国家对一般药品进口的管理实行目录管理,国家药品监督管理局授权的口岸药品检验,所以签发进口药品通关单的形式对列入管理目录的商品实行进口限制管理。(　　)

15. 与音响设备同时进口的该设备操作说明的音像制品,无须申领“进口音像制品批准单”,凭海关进口单位提供的合同、发票等有效单证验放。(　　)

四、案例实训

1. 列举几种由我国有关部门针对特定进出口商品签发的许可证件名称、主管部门、报关规范。

批文证件	针对的商品	主管部门	报关规范

2. 上海某家具生产厂以一般贸易进口一批木材,加工成儿童家具向国内市场销售,货物于2016年6月25日运入上海洋山港,6月28日向海关申报。

商品名称及备注	计量单位	监管条件	申报要素
非端部接合的其他木厚板材(经纵锯、纵切、刨切或旋切的,厚度超过6毫米)	立方米/千克	Y4×AB	1. 品名(中文及拉丁学名); 2. 种类(树种名称); 3. 加工方法(经纵锯、纵切、刨切或旋切加工,端部接合); 4. 规格(长×宽×高)

如果你是该公司的关务人员,请问:你在将进口木材向海关申报前,需要办理哪些进口许可证件?应如何申领这些许可证件?

案例实训资料:

监管证件代码表

监管证件代码	监管证件名称	监管证件代码	监管证件名称	监管证件代码	监管证件名称
1	进口许可证	F	濒危物种允许进口证明书	U	合法捕捞产品通关证明
2	两用物项和技术进口许可证	G	两用物项和技术出口许可证(定向)	W	麻醉药品进出口准许证
3	两用物项和技术出口许可证	H	港澳 OPA 纺织品证明	X	有毒化学品环境管理放行通知单
4	出口许可证	I	精神药物进(出)口准许证	Y	原产地证明
5	纺织品临时出口许可证	J	黄金及其制品进出口准许证或批件	Z	进口音像制品批准单或节目提取单
6	旧机电产品禁止进口	K	深加工结转申请表	c	内销征税联系单
7	自动进口许可证	L	药品进出口准许证	e	关税配额外优惠税率进口棉花配额证
8	禁止出口商品	M	密码产品和设备进口许可证	q	国别关税配额证明
9	禁止进口商品	O	自动进口许可证(新旧机电产品)	r	预归类标志
A	入境货物通关单	P	固体废物进口许可证	s	适用 ITA 税率的商品用途认定证明
B	出境货物通关单	Q	进口药品通关单	t	关税配额证明
D	出/入境货物通关单(毛坯钻石用)	R	进口兽药通关单	v	自动进口许可证(加工贸易)
E	濒危物种允许出口证明书	S	进出口农药登记证明	x	出口许可证(加工贸易)
		T	银行调运现钞进出境许可证	y	出口许可证(边境小额贸易)

知识拓展

(一)“非一批一证”的使用次数

海关对“非一批一证”的具体管理措施规定是:每次报关数是指同日同运输工具的同批货物,海关对同批货物加总后,在“非一批一证”许可证上做一次批注,依此类推 12 次后,此证即使还有剩余数量也不可再使用。(如果 12 次未满但货物总量已扣减完毕,此证也不可再使用。)

(二)实行收付汇管理的原因

在我国,出口企业获得外汇收入,应将外汇按牌价卖给指定银行,银行将人民币兑换给企业;同理,进口企业需要使用外汇时,需持有关证明文件向银行兑取外汇。这关系到国内金融稳定安全,以及国家外汇储备的充足。

逃汇和骗汇均属于我国法律禁止和打击的行为。逃汇是指公司、企业或者其他单位,违反国家规定,获得外汇不如实申报,擅自将外汇存放于境外或者将境内的外汇非法转移到境外,且数额较大的行为。通常表现为不法企业出口货物得到外汇货款,但未将外汇兑换给中国银行。

骗汇是指违反国家外汇管理法规,使用伪造、变造的海关签发的报关单、进口证明、外汇管理部门核准件等凭证和单据,或者重复使用海关签发的报关单、进口证明、外汇管理部门核准件等凭证和单据,或者以其他方式骗购外汇,且数额较大的行为。典型的骗汇是“虚构进口事实,申请购取外汇”。

国家为了打击这些违法行为,实行较为严格的进出口货物收付汇管理制度。海关是贯彻执行该政策必要环节的政府机构之一。

(三)进口废旧物资≠洋垃圾

1. 固体废物

《中华人民共和国固体废物污染环境防治法》对固体废物进行了明确的定义,固体废物是指在生产、生活和其他活动中产生的丧失原有利用价值或者未丧失利用价值但被抛弃或者放弃的固态、半固态和置于容器中的气态的物品、物质以及法律、行政法规规定纳入固体废物管理的物品、物质。

我国对进口废物实行严格的分类管理,即将不能用作原料或者不能以无害化方式利用的固体废物列入禁止进口目录,将可以用作原料的固体废物列入限制进口和自动许可进口目录。

2. 洋垃圾

“洋垃圾”是社会上的俗称,它有时指进口固体废物,有时又特指以走私、夹带等方式进口国家禁止进口的固体废物或未经许可擅自进口属于限制进口的固体废物,容易造成混淆。在进口管理环节,相关主管部门一般不使用“洋垃圾”一词。对以走私、夹带等方式进口国家禁止进口的固体废物或未经许可擅自进口属于限制进口的固体废物,经海关依法处理后,做退运处理或交由环保部门进行无害化处理。对于列入限制管理的固体废物,经国家环境保护部门审查许可后允许进口。进口列入自动许可进口目录的固体废物,应当依法办理自动许可手续。

第四章 国际贸易进出境货物基本报关程序

实训目的

1. 熟悉国际贸易进出境货物基本报关程序各环节报关人员的工作职责；

2. 熟悉一般进出口、区外加工贸易及特殊监管货物的报关程序。

技能达成

1. 通过学习，能独立地完成国际贸易进出境货物报关环节报关人员的相应工作；

2. 能正确地完成一般进出口、区外保税加工及特定减免税货物所涉及的相关单据；

3. 逐步培养解决上述三种货物在实际进出境清关时实务问题的能力。

第一节 概 述

一、单项选择题

1. 海关规定进口货物的申报日期是（　　）。
   A. 申报货物办理海关进口手续的日期
   B. 申报数据被海关接受的日期
   C. 运输工具申报进口的日期
   D. 所申报货物进入海关监管场地或仓库的日期

2. 下列关于海关监管货物监管期限的表述正确的是（　　）。
   A. 一般进口货物自进入关境起到办结海关出口报关手续止
   B. 一般出口货物自出境起到办结海关手续止
   C. 保税加工货物自进入关境起到办完进口报关手续海关放行止
   D. 暂时出境货物自出境起到复进口止

3. 海关的监管程序分为前期、进出境、后续结案三个阶段，下列货物中，只通过海关进出境监管阶段，海关放行即为结关的货物是(　　)。

A. 保税加工货物

B. 特定减免税货物

C. 一般进口货物

D. 暂时进口货物

4. 运载进口货物的运输工具5月9日申报进境，收货人5月15日向海关传送报关单电子数据，海关当天受理申报并发现场交单通知。收货人于5月27日提交纸质报关单时，发现海关已于5月26日撤销电子数据报关单，遂于5月30日重新向海关申报，海关当天受理申报并发出现场交单通知，收货人5月31日提交纸质单证。如以上日期均不涉及法定节假日，滞报天数应为(　　)。

A. 0　　B. 6天　　C. 7天　　D. 8天

5. 进口货物收货人超过规定期限向海关申报的，滞报金的征收以运输工具申报进境之日起________为起始日，以________为截止日。起始日和截止日均计入滞报期间。(　　)

A. 第14日，收货人申报之日

B. 第15日，收货人申报之日

C. 第14日，海关接受申报之日

D. 第15日，海关接受申报之日

6. 进出口货物收发货人申报并经海关依法审核，必须撤销原电子数据报关单重新申报的，如产生滞报，经进口货物收发货人申请并经海关审核同意，以(　　)为滞报金起征日。

A. 运输工具申报进境之日

B. 运输工具申报进境之日起第15日

C. 撤销原报关单之日

D. 撤销原报关单之日起第15日

7. 下列不属于海关监管货物的是(　　)。

A. 一般进出口货物

B. 保税加工货物

C. 保税物流货物

D. 已经办完所有海关手续的进口货物

8. 济南中新外贸公司以一般贸易方式从境外订购一批进口货物，在如实申报、接受查验、缴纳进口税费后由海关放行，该公司应凭(　　)到海关监管仓库提取货物。

A. 由海关签发的进(出)口货物证明书

B. 由海关加盖了“放行章”的货运单据

C. 由海关签发的税款缴纳证

D. 由海关签发的进口付汇核销专用报关单

9. 对需要在国家税务机构办理出口退税的货物，报关人员应向海关申请签发(　　)。

A. 出口货物证明书

B. 出口收汇证明联

C. 目前不用任何报关单证明联

D. 出口收汇核销单

10. 以电子数据报关单方式申报的，申报日期为________。电子数据报关单经过海关计算机检查被退回的，视为海关不接受申报，进出口货物收发货人或其代理人应当按照要求修改后重新申报，其申报日期为________。(　　)

A. 报关单位输入电子数据向海关申报的日期；海关接受重新申报的日期

B. 海关计算机系统接受申报数据时记录的日期；报关单位重新申报的日期

C. 报关单位输入电子数据向海关申报的日期；报关单位重新申报的日期

D. 海关计算机系统接受申报数据时记录的日期；海关接受重新申报的日期

11. 报关单证、进出口单证、合同及进出口业务直接有关的其他资料，应自进出口货物放行之日起保管(　　)，并自觉接受海关及相关机构的日常监督和检查。

A. 1 年　B. 2 年　C. 3 年　D. 5 年

12. 不属于补充申报的申报单是(　　)。

A. 进出口货物价格补充申报单

B. 进出口货物商品归类补充申报单

C. 进出口货物原产地补充申报单

D. 进出口货物集中申报单

13. 收发货人、报关企业应当在收到海关补充申报电子指令之日起(　　)内，通过系统向海关申报电子数据补充申报单。

A. 5 日　B. 5 个工作日　C. 7 日　D. 7 个工作日

14. 海关通关作业无纸化“事后交单”、电子数据传输、纸质报关单及随附单证，期限为________之日起________内向海关提交。(　　)

A. 海关放行，7 日

B. 提取货物，7 日

C. 海关放行，10 日

D. 提取货物，10 日

15. 山东威海红星外贸公司从日本进口一批免费提供的物资,因交接不清,只能确定复印机 5 台,品牌计算机等若干,其他物资无法确认品名及数量,该公司应(　　)。

A. 申报该批货物为复印机 5 台

B. 申报该批货物为复印机等

C. 申报该批货物为复印件 5 台,品牌计算机若干

D. 说明情况,申请申报前看货

二、多项选择题

1. 下列关于进、出口货物申报期限表述正确的有(　　)。

A. 进口货物的收货人应当自货物进境之日起 14 日内,向海关申报

B. 进口货物的收货人应当自装载货物的运输工具申报进境之日起 14 日内,向海关申报

C. 出口货物的发货人除海关特准的外,应当在货物运抵海关监管区后、装货的 24 小时以前向海关申报

D. 出口货物的发货人除海关特准的外,应在货物运抵海关监管区装货后,装货的前 24 小时向海关申报

2. 关于"结关"的表述,不正确的有(　　)。

A. 一般进口货物海关在报关单和"提货单"上加盖"放行章"就是结关,海关不再监管

B. 一般出口货物海关在"装货单"上加盖"放行章"就是结关,海关不再监管

C. 特定减免税进口货物海关在"提货单"上加盖"放行章"就是结关,海关不再监管

D. 进口保税货物海关在"提货单"上加盖"放行章"就是结关,海关不再监管

3. 从海关对进出境货物进行监管的全过程来看,报关程序按时间先后可以分三个阶段,这三个阶段为(　　)。

A. 前期阶段

B. 进出境阶段

C. 预备阶段

D. 后续阶段

4. 在报关程序中,前期阶段适用的范围有(　　)。

A. 进出境展览品

B. 一般进出口货物

C. 保税加工进出口货物

D. 特定减免税货物

5. 电子报关的申报方式有(　　)。

A. 终端申报方式

B. EDI 申报方式

C. 网上申报方式

D. 提取或装运货物

6. 在进出口阶段中,进出口货物收发货人或其代理人需要完成下列(　　)环节的工作。

A. 进出口申报

B. 配合查验

C. 缴纳税费

D. 提取或装运货物

7. 海关根据不同风险判别结果采取(　　)的作业方式对所有进出口货物实施差别化管理。

A. 低风险快速放行

B. 低风险单证审核

C. 一般风险正常审核

D. 高风险重点审核

8. 对于诚信守法企业或经系统分析为低风险的货物,海关可实行低风险快速放行通关模式。即海关计算机系统对电子数据报关单完成电子审核后,快速放行纸质报关单证,申报人可以根据条件选择(　　)方式。

A. 现场交单

B. 事后交单

C. 企业自存

D. 报关企业集中代存

9. 未经海关许可,任何单位和个人不得实施下列(　　)行为,妨碍海关监管。

A. 开拆货物及其包装

B. 对监管货物进行改装

C. 有偿或者无偿向他人转让监管货物

D. 更换货物包装上的标志

10. 根据京津冀海关区域通关一体化,北京奔驰汽车有限公司从德国海运进口雨刷器,该票货物可以选择(　　)口岸海关办理申报放行手续。

A. 首都机场海关

B. 天津新港海关

C. 秦皇岛海关

D. 河北沧州海关

三、判断题

1. 如进境货物已有走私嫌疑并被海关发现,海关将不允许收货人在申报前看货取样。( )

2. 一般进出口货物,因海关放行后即为结关,故一般进口货物必须在进境地海关办理进口手续;一般出口货物必须在出境地海关办理出口报关手续。( )

3. 以保税、特定减免税进境申报的进口货物,因故改变使用目的而改变货物的性质转为一般进口时,报关单位应当在货物所在地的主管海关办理报关手续。( )

4. "属地申报,属地放行"通关模式是指符合海关规定条件的高级认证企业,在其货物进出口时,可以自主选择向属地海关申报,并在口岸海关办理验放手续的一种通关模式。( )

5. 进出境运输工具的负责人向海关发送载货舱单信息是进出境货物的报关程序。( )

6. 电子数据报关单与纸质报关单的法律效力不同。( )

7. 出口货物的申报期限为货物运抵海关监管区后,装货的 24 小时以前。( )

8. 滞报金以"元"为计征单位,不足 1 元的部分四舍五入。( )

9. 实行"无纸通关"申报方式的,海关做出现场放行决定时,通过计算机将准予放行的信息发送给进出口货物收发货人或其代理人以及海关监管货物的保管人。( )

10. 海关规定进出境货物经过审单、查验、征税、放行 4 个海关作业环节即完成通关。( )

11. 适用通关作业无纸化通关方式的补充申报单,同样也需要提交纸质补充申报单。( )

12. 一般情况下办理进出口货物的海关申报手续,报关人可自行选择采用纸质报关单或电子数据报关单的形式。两种形式均属法定申报,具有同等法律效力。( )

13. 出境运输工具预计载有货物、物品的,舱单传输人应在运输工具开始装载

货物、物品前向海关传输预配舱单主要数据。(　)

14. 报关企业完成报关代理业务在与委托方嘉禾外贸公司交接进口货物证明书时，需要检查该证明书是否已加盖"报关企业公章"。(　　)

15. 在申报前，报关人员需要将提单正本换成能够从港区或仓库提取货物的提货单。(　　)

知识拓展

(一)通关作业无纸化通关模式

通关作业无纸化是指以企业分类管理和风险分析为基础，按照风险等级对进出口货物实施分类，运用信息化技术改变海关核验进出口企业递交纸质报关单及随附单证办理通关手续的做法，直接对企业通过中国电子口岸录入申报的报关单及随附单证的电子数据进行无纸审核、验放处理的通关作业方式。

海关总署 2013 年第 19 号公告将通关无纸化企业试点企业范围扩大至海关管理类别 B 类(按 AEO 认证标准属于一般信用企业)及以上企业。

其中，对于经海关批准且选择"通关作业无纸化"方式申报的经营单位管理类别为 AA 类企业(按 AEO 认证标准属于高级认证企业)或 A 类生产型企业(按 AEO 认证标准属于一般认证企业)的，申报时可不向海关发送随附单证电子数据，通关过程中根据海关要求及时提供，海关放行之日起 10 日内由企业向海关提交，经海关批准符合企业存单(单证暂存)条件的可由企业保管。对于经海关批准且选择"通关作业无纸化"方式申报的经营单位管理类别为 A 类非生产型企业(按 AEO 认证标准属于一般认证企业)或 B 类企业(按 AEO 认证标准属于一般信用企业)的，应在货物申报时向海关同时发送报关单和随附单证电子数据。

海关通关无纸化适用企业范围

<table>
<tr><th colspan="2">企业类别</th><th>是否适用通关无纸化</th><th>是否需要即时发送随附单证电子数据</th></tr>
<tr><td colspan="2">AA类(按AEO认证标准属于高级认证企业)</td><td>√</td><td>×</td></tr>
<tr><td rowspan="2">A类(按AEO认证标准属于一般认证企业)</td><td>生产型企业</td><td>√</td><td>×</td></tr>
<tr><td>非生产型企业</td><td>√</td><td>√</td></tr>
<tr><td colspan="2">B类(按AEO认证标准属于一般信用企业)</td><td>√</td><td>√</td></tr>
<tr><td colspan="2">C类、D类(按AEO认证标准属于失信企业)</td><td></td><td></td></tr>
</table>

(二)“属地申报,口岸验放”通关模式

“属地申报,口岸验放”是指符合海关规定条件的守法水平较高的企业,在其货物进出口时,可自主选择向其属地海关申报,并在货物实际进出境地的口岸海关办理货物验放手续的一种通关方式。“属地海关”是指进出口货物的收发货人或其代理人所在地直属海关、隶属海关。

“属地申报,口岸验放”通关模式,由原来各业务现场只能处理本关区现场编号的报关单,改为属地海关办理审单、接单审核、税费征收,口岸海关办理实货查验、放行。由此,企业不需要再办理转关手续,其进出口货物在属地海关报关后,可自行或委托货代,持报关单复印件直接在口岸海关验放。

海关总署2012年第53号公告《关于扩大“属地申报,口岸验放”通关模式适用范围的公告》中明确规定:决定将“属地申报,口岸验放”通关模式的适用范围扩大至部分B类生产型出口企业。一年内无走私违规记录(以海关企业分类管理评定记录为准)、资信良好B类生产型出口企业,可按照海关总署2006年第43号公告规定,向所在地直属海关提出申请,适用“属地申报,口岸验放”出口通关模式。

“属地申报,口岸验放”企业适用范围

<table>
<tr><th colspan="3">企业类别</th><th>是否适用“属地申报,口岸验放”</th></tr>
<tr><td colspan="3">AA类(按AEO认证标准属于高级认证企业)</td><td>√</td></tr>
<tr><td colspan="3">A类(按AEO认证标准属于一般认证企业)</td><td>√</td></tr>
<tr><td rowspan="4">B类(按AEO认证标准属于一般信用企业)</td><td rowspan="2">进口</td><td>生产加工型</td><td></td></tr>
<tr><td>非生产加工型</td><td></td></tr>
<tr><td rowspan="2">出口</td><td>生产加工型</td><td>√</td></tr>
<tr><td>非生产加工型</td><td></td></tr>
<tr><td colspan="3">C类、D类(按AEO认证标准属于失信企业)</td><td></td></tr>
</table>

(三)“属地申报,属地放行”通关模式

“属地申报,属地放行”是指符合海关规定条件的高资信企业,在其货物进出口时,可以自主选择向属地海关申报,并在属地海关办理货物放行手续。

根据 2013 年 9 月海关总署关于印发《全面深化区域通关业务改革实施方案》的通知,自 2013 年 11 月 1 日起,对经营单位为 AA 类(即按 AEO 认证标准属于高级认证企业)且申报单位为 B 类(含 B 类)(即按 AEO 认证标准属于一般信用企业)以上的企业无需查验的进出口货物,实行“属地申报、属地放行”。

(四)区域通关一体化通关模式

区域通关一体化通关方式适用于企业在属于通关一体化区域口岸海关进出口的货物。该区域企业可自主选择向经营单位注册地或货物实际进出境地海关办理申报、纳税和查验放行手续。企业可根据实际需要,自主选择口岸清关、转关、“属地申报,口岸验放”“属地申报,属地放行”、区域通关一体化等任何一种通关方式。除了需要查验的货物要在实际进出境地海关办理验放手续外,实现了跨关区的放行。货物放行后,企业可以直接将货物运输到厂,实施了“一次申报、一次查验、一次放行”的通关模式。

该通关模式取消了报关企业跨区分支机构注册登记行政许可限制,允许属于通关一体化区域的企业“一地注册,三地报关”。

(五)便捷通关模式适用范围

1. 根据海关总署 2014 年第 45 号公告

京津冀海关区域通关一体化适用于北京、天津、石家庄等三个海关。

2. 根据海关总署 2014 年第 65 号公告

长江经济带海关区域通关一体化适用于上海、南京、杭州、宁波、合肥、南昌、武汉、长沙、重庆、成都、贵阳、昆明等十二个海关。

3. 根据海关总署 2015 年第 10 号公告

东北地区海关区域通关一体化适用于大连、沈阳、长春、哈尔滨、呼和浩特、满洲里等六个海关。

4. 根据海关总署2015年第9号公告

丝绸之路经济带海关一体化适用于青岛、济南、郑州、太原、西安、兰州、银川、西宁、乌鲁木齐、拉萨等十个海关。

5. 根据海关总署2015年第11号公告

广东地区海关区域通关一体化适用于广州、深圳、拱北、汕头、黄埔、江门、湛江、福州、厦门、南宁、海口等十一个海关。

第二节　一般进出口货物报关程序

一、单项选择题

1. 某批易腐进口货物通关时，因涉嫌走私被海关扣留，在此期间发生霉变，对此损失的处理方式是(　　)。

A. 因货物发生霉变与收货人或代理人涉嫌走私有关，故该损失由其承担50%，海关承担50%

B. 因其霉变与海关扣留有关，故该损失应由海关承担

C. 因其霉变是海关正常工作程序所需时间内发生，海关不予赔偿

D. 构成走私，损失由收货人或代理人自负；未构成走私，损失由海关负责赔偿

2. 下列(　　)货物海关进出境监管现场放行就是结关。

A. 一般进出口货物

B. 保税货物

C. 特定减免税货物

D. 暂时进出口货物

3. 经海关批准，报关人员可以在进口货物起运后、抵港前或出口货物运入海关监管场所前(　　)内，提前向海关办理报关手续。

A. 3日　　B. 5日　　C. 7日　　D. 10日

4. 以下(　　)不属于报关随附单证。

A. 报关单

B. 商业单证

C. 贸易管理单证

D. 海关单证

5. 在以下进出口货物中，不属于一般进出口货物的是(　　)。

A. 不批准保税的寄售供销贸易货物

B. 救灾捐赠物资

C. 外国驻华商业机构进出口陈列用的样品

D. 随展览品进境的小卖品

6. 海关发现进出口报关单需要修改，向进出口收发货人或其代理人签发“报关单修改确认书”，通知其要求修改的内容，进出口收发货人或其代理人应在(　　)内对该修改内容进行确认。

A. 1日　　B. 3日　　C. 5日　　D. 7日

7. 经过海关核准，逾期交单时限最长为10日交单期限届满后的(　　)。

A. 10日　　B. 10个工作日　　C. 30日　　D. 30个工作日

8. 海关对实际监管进口的(　　)货物办理验放手续后，要签发“货物进口证明书”。

A. 化妆品　　B. 汽车　　C. 机器设备　　D. 化学品

9. 快捷报关公司报关员向海关发送报关单电子数据之后，经查询QP系统发现回执显示“现场交单”，该信息说明此报关单(　　)。

A. 正在海关人工审单岗位审核

B. 已经通过海关计算机系统审核

C. 需要到海关现场修改

D. 已经放行

10. 下列有关一般贸易和一般进出口货物的区别表述正确的是(　　)。

A. 相同的两个概念，没有任何区别

B. 一般贸易的货物就是一般进出口货物

C. 一般贸易是国际贸易的一种形式，而一般进出口货物是海关的一种监管方式

D. 一般贸易的货物不用交进口关税

二、多项选择题

1. 下列哪些货物适用一般进出口通关制度。(　　)

A. 合肥三洋塑料制品加工企业经批准从德国进口机器设备一套用于加工产品出口

B. 保定一国际贸易公司经批准以易货贸易方式进口一批货物在境内出售

C. 张家港保税区批准出售一批橡胶给青岛汽车轮胎厂

D. 德国商人免费向安徽迅达汽车生产厂提供机器设备一套用于来料加工

2. 进出口货物申报后确有正当理由的,经海关同意可修改或撤销申报。下列表述中哪些情况可以修改或撤销货物报关单?(　)

A. 由于计算机技术方面的原因而导致的电子数据错误的

B. 海关在办理出口货物的放行手续后,由于装运、配载等原因造成原申报货物部分或全部退关的

C. 海关已经决定布控、查验的进出口货物

D. 由于办理退补税、海关事务担保等其他海关实务

3. 除不可抗力外,进出口收发货人或其代理人有哪些情形,海关可以直接撤销相应的电子数据报关单?(　)

A. 海关将电子数据报关单退回修改,进出口收发货人或其代理人未在规定期限内重新发送的

B. 海关审结电子数据报关单后,进出口收发货人或其代理人未在规定期限内递交纸质报关单的

C. 出口货物申报后未在规定期限内运抵海关监管场所的

D. 海关总署规定的其他情形

4. 有下列哪些情形的,收发货人或其代理人应当向海关进行报关单之外的补充申报?(　)

A. 海关对申报货物价格、编码等申报内容进行审核时,要确认申报内容的完整性和准确性

B. 海关对申报货物原产地进行审核时,要确认货物原产地的准确性

C. 海关对已放行货物的价格、编码和原产地等内容进行进一步核实时

D. 海关对已经决定布控、查验的货物进一步核实时

5. 有下列哪些情形的,海关将不予放行进出口货物?(　)

A. 违反海关和其他进出境管理的法规,非法进出境的

B. 所提交的单证不齐全

C. 应交税货物未办理纳税手续,且又未提供担保的

D. 违规被罚款未交罚款的

6. 进出口货物收发货人或其代理人配合海关查验的工作主要包括(　)。

A. 负责搬移货物,开拆和重封货物的包装

B. 回答查验关员的询问

C. 负责提取海关需要作进一步检验、化验或鉴定的货样

D. 签字确认查验记录

7. 因海关关员的责任造成被查验货物损坏的，进出口货物收发货人或其代理人可以要求海关赔偿。但下列哪些情况海关将不予赔偿？（　）

A. 海关正常查验时所产生的不可避免的磨损

B. 由于不可抗力的原因造成货物的损坏、损失

C. 由于海关关员的责任造成被查验货物损坏的直接经济损失以外的其他经济损失

D. 海关查验时进出口货物收发货人或其代理人对货物是否受损坏未提出异议，事后发现货物有损坏的

8. 对于某些进口货物，需要看货取样了解货物信息，经海关批准后，（　　）需要共同对货物进行开拆包装、看货、取样和记录工作。

A. 海关

B. 货代公司

C. 仓储公司

D. 报关公司

9. 下列属于一般进出口货物的特征的有（　　）。

A. 在进出境时按有关的法律法规的规定向海关缴纳应当缴纳的税费

B. 进出口时如需提交许可证的，提交相关的许可证

C. 海关放行即办结了海关手续

D. 暂不纳税

10. 一般进出口货物在向海关申报时，应提交单据的有（　　）。

A. 贸易合同

B. 商业发票

C. 装箱单

D. 加工贸易手册

11. 以下关于海关查验的表述正确的有（　　）。

A. 进出口货物收发货人对海关查验结论有异议，可以向海关提出复验要求

B. 已经参加过查验的查验人员应当参加对同一票货物的复验

C. 经海关通知查验，进出口货物收发货人或者代理人届时未到场的，海关可以径行开验

D. 进出口货物的收发货人或其代理人在海关查验时，对货物是否受损坏未提出异议，事后发现货物有损坏的，海关不负赔偿的责任

12. 海关可以对已查验货物进行复验,以下属于海关可以复验的情形有(　　)。

A. 经初次查验未能查明货物的真实属性,需要对已查验货物的某些性状做进一步确认的

B. 货物涉嫌走私违规,需要重新查验的

C. 进出口货物收发货人对海关查验结论有异议的,提出复验要求并经海关同意的

D. 海关查验后,检验检疫部门提出复验要求的

13. 一位在美国工作 2 年的中国工程师回国定居,回国前他就委托美国 UPS 联合包裹公司将他在美国的家具运回国内。家具在入境时作为快件向海关申报需要(　　)和证件。

A. 总运单

B. 分运单

C. 进境快件 KJ1 报关单

D. KJ3 进境快件个人物品报关单

14. 报关人员在下列哪些情况下可以向海关申请提前放行货物的担保?(　　)

A. 进出口货物的商品归类存在争议

B. 进出口货物的完税价格存在争议

C. 原产地尚未确定

D. 属于许可证管理的货物,无法提供许可证

15. 税款电子支付的报关单进行修改时,应按下列哪些情况分别处理?(　　)

A. 税单未打印,可以修改报关单

B. 税单未打印,可以撤销报关单

C. 税单已打印未核准的,不能修改报关单

D. 税单已打印已核准的,可以修改报关单

三、判断题

1. 以一般贸易方式进出口钻石的(工业用钻石及加工贸易方式项下除外),应当在上海钻石交易所办理进出口报关手续。(　　)

2. 为了加速验放,对信誉较好的进出口收发货人,海关将允许在其提供担保的基础上先予提取或装运货物。(　　)

3. 在向海关申报时,预备单证一般也需要向海关提交。(　　)

4. 有纸申报时,报关人员需将提货单和提单正本一起作为报关随附单证向海关提交。(　　)

5. 通关作业无纸化，进出口货物电子数据放行后，进出口收发货人或其代理人打印“进出口查验/放行通知书”，凭此办理提货，装货手续。(　　)

6. 海关查验通知单分为两联，第一联作为报关单位留存用，第二联作为海关内部流转、留档使用。(　　)

7. 报关员应当自接到海关“现场交单”或“放行交单”通知之日起10个工作日内，持打印的纸质报关单及随附单证办理海关手续。(　　)

8. 进出境货物应当提供许可证而不能提供的，海关不予办理担保放行。(　　)

9. 参与税款电子支付业务的报关人员应当向隶属海关备案。(　　)

10. 申请进出口货物报关单核销联时，应填制进出口报关单证明联签发申请表。(　　)

四、综合实务题(不定项选择)

西安古城涂料有限公司以一般进口方式进口聚硅环氧树脂(海关监管条件A)，委托西安顺发报关公司办理报关并提供了发票、装箱单、提单、入境货物通关单。顺发报关公司报关人员与古城涂料公司关务员沟通后确认该商品含改性有机硅树脂40%。在通关过程中，海关要求对聚硅环氧树脂实施查验并取样送检。经海关认定申报不符但未对商品归类产生影响。

请根据上述案例，回答下列问题：

1. 西安顺发报关公司报关人员进行理单工作时，应(　　)。

   A. 确认报关委托书协议、报关委托书的内容及有效性

   B. 确认进口商业单证的齐全、有效

   C. 确认贸易管理单证的齐全、有效

   D. 确认随附海关单证的齐全、有效

2. 西安顺发报关公司报关人员进行换单工作时，应(　　)。

   A. 确认提单的有效性

   B. 确认换单时间

   C. 支付换单费用

   D. 领取正本提货单

3. 西安顺发报关公司报关人员在配合海关查验前的准备工作包括(　　)。

   A. 确认海关查验地点

   B. 确认海关查验费用

   C. 确认海关查验时间

   D. 确认货物相关信息

4. 下列海关取样化验工作的正确做法有(　　)。

A. 报关人员应在海关化验取样记录上签字确认

B. 化验机构一般自收到送验样品之日起 15 个工作日内作出鉴定结论

C. 货样的化验均由海关化验中心负责

D. 报关员可要求海关提供纸质“化验鉴定书”

5. 得知海关化验结论与申报内容不一致后，西安顺发报关公司可以(　　)。

A. 对鉴定结论提出异议

B. 在鉴定结论公布之日起 30 日内提出复验申请

C. 按照海关化验结论修改或撤销原申报数据

D. 申请对急于提货的进口货物凭担保放行货物

五、案例实训

1. 武汉洁柔卫浴制品有限公司从英国进口设备一批，装载该设备的运输工具于 2016 年 9 月 21 日向海关申报进境，该公司于 2016 年 10 月 13 日向海关申报进口。请问：该公司滞报了几天？

2. 天津新港海关查验一批贵重的精密仪器，交给发货人或其代理人后，有关发货人或其代理人当时并未提出异议，后来证实是海关查验时损坏。请问：海关应负赔偿责任吗？为什么？

3. 兰州百事通公司从德国进口了 30 辆奔驰轿车，请问：这批车如何才能上牌？

4. 陕西宝鸡振兴食品加工企业董事长从盐田港进口一辆进口福特轿车自用，该公司委托深圳扬帆报关公司代理该车辆进口报关。该公司报关人员在办结车辆进口验放手续后，向海关有关部门办理了“货物进口证明书”。

(1)如果发现该证明书的数据与进口的这辆汽车实际情况不符，报关员应该如何办理“货物进口证明书”的换发手续？

(2)如果该证明书因故丢失，报关员应该如何办理“货物进口证明书”补发手续？

六、报关程序设计

1. 湖北省监利县楚天无线电厂是一家民营企业，该厂向日本一家公司订购了一批冷轧不锈钢带运抵上海外港海关，该厂委托上海达利外贸有限公司代理进口业务，并于 2016 年 8 月 3 日向海关办理进口手续。

作为报关人员，为了保证货物顺利通关，请你设计该票货物的进口通关方案。

2. 山西乔家进出口公司与德国 LUECK 公司于 2015 年 9 月 6 日签订了出售户外家具的出口合同,货名为花园椅(铸铁底座的木椅,按规定出口时需要有动植物检验检疫证明),生产厂家为河北正定惠达家具厂,最迟装运日期 2015 年 12 月 9 日,起运港为天津新港。

请问:(1)如果委托天津四海报关公司报关,是否要办理异地报关备案手续?请说明理由。

(2)作为报关人员,为了保证货物顺利通关,请你设计该批货物的出口通关流程。

第三节　保税加工货物的报关程序

一、单项选择题

1. 保税加工货物内销,海关按规定免征缓税利息的是(　　)。

A. 副产品

B. 残次品

C. 边角料

D. 不可抗力受灾保税货物

2. 经海关批准,未办理纳税手续进境,在境内加工、装配后复运出境的货物是(　　)。

A. 过境货物

B. 暂准进出口货物

C. 一般进出口货物

D. 保税加工货物

3. 电子账册管理的保税加工报核期限，一般以(　　)为一个报核周期。

A. 1年　　B. 180日　　C. 60日　　D. 30日

4. 在加工贸易合同项下海关准予备案的料件，(　　)。

A. 85%料件保税，15%的料件不保税

B. 95%料件保税，5%的料件不保税

C. 不予保税

D. 100%料件保税

5. 下列关于保税加工货物监管叙述正确的是(　　)。

A. 保税加工货物边角料经批准内销，海关按规定免征缓税利息

B. 海关联网管理针对大型企业，建立电子账册，以合同为单元进行管理

C. 加工贸易企业在向海关办理合同备案前，应当向商务主管部门办理合同审批手续，凭"经营范围批准证书"向海关办理合同备案。

D. 综合保税区采用的是非物理围网的监管模式

6. 加工贸易企业将保税料件加工的产品转至另一个海关关区内的加工贸易企业进一步加工后复出口的经营活动属于(　　)。

A. 跨关区异地加工

B. 跨关区深加工结转

C. 跨关区委托加工

D. 外发加工

7. 南京加工贸易企业A进口料件生产半成品后转给苏州加工贸易企业B继续深加工，最终产品由B企业出口。A、B企业都采用电子化手册管理，双方都需通过QP系统向海关提交加工贸易保税深加工结转申请表办理备案。下列哪项办理计划备案的手续是正确的。(　　)

A. 先由A企业向转出地海关申请备案，后由B企业向转入地海关备案

B. 先由A企业向转入地海关申请备案，后由B企向转入地海关申请备案

C. 先由B企业向转入地海关申请备案，后由A企业向转出地海关申请备案

D. 先由B企业向转出地海关申请备案，后由A企业向转入地海关申请备案

8. 加工贸易保税货物经批准正常的转内销征税，关于征税的税率，下列说法正确的是(　　)。

A. 适用海关接受申报办理纳税手续之日实施的税率

B. 适用企业申请办理内销时的税率

C. 适用原料件进口时的税率

D. 一律按15%征税

9. 对于受灾保税加工货物,加工贸易企业应在灾后(　　)内向主管海关书面报告。

A. 7日　　B. 30日　　C. 10日　　D. 15日

10. 湖北省石首市阳光进出口公司与外商签订加工贸易合同,该公司已在规定的期限内将进口料件加工复出口,该合同于5月20日执行完毕。该企业办理该合同的海关和银行保证金台账核销手续的时间是(　　)。

A. 6月20日以后

B. 6月20日以前

C. 7月5日以前

D. 7月20日以前

11. 对于履行加工贸易合同中产生的剩余料件、边角料、残次品、副产品等,在海关规定的下列处理方式中不需要填制报关单向海关申报的是(　　)。

A. 销毁　　B. 结转　　C. 退运　　D. 放弃

12. 在电子化手册管理监管模式下,加工贸易企业从事加工出口业务中,因不可抗力原因造成损毁导致无法复出口的保税进口料件和加工制成品内销,应当(　　)。

A. 按受灾货物免税,免纳缓税利息,免于交许可证件

B. 按原进口货物纳税,缴纳缓税利息,交验相应的许可证件

C. 按受灾货物纳税,缴纳缓税利息,免于交验许可证件

D. 按原进口货物纳税,免纳缓税利息,交验相应的许可证件

13. 下列关于深加工结转的报关程序相关叙述错误的是(　　)。

A. 深加工结转的程序包括计划备案、收发货登记、结转报关

B. 深加工结转在计划备案环节是先由转出企业备案,再由转入企业备案

C. 深加工结转在办理报关手续时是先由转出企业报关,再由转入企业报关

D. 深加工结转进口、出口报关的申报价格为结转货物的实际成交价格

14. 下列关于其他保税加工货物概念叙述正确的是(　　)。

A. 剩余料件是加工过程中单耗内产生的无法再用于该合同项下的数量合理的下脚料

B. 边角料是生产过程中产生的可继续用于加工制成品的加工贸易进口料件

C. 残次品加工过程中产生的有严重缺陷或者不能达到出口要求的产品,不包括成品

D. 副产品是加工出口合同规定的制成品时同时产生的，且出口合同未规定应当附出口的其他产品。

15. 联网企业的加工贸易业务由(　　)审批。

A. 所在地海关

B. 直属海关

C. 海关总署

D. 商务主管部门

16. 联网企业凭商务主管部门签发的“联网监管企业加工贸易批准证”向(　　)申请建立电子账册。

A. 所在地海关

B. 直属海关

C. 海关总署

D. 商务主管部门

17. 下列关于特殊商品加工贸易海关管理表述正确的是(　　)。

A. 黄金及其制品在进行加工贸易手册设立时应提交省级商务部门的加工贸易批准证

B. 服装的辅料在 78 种范围之内且进口总值在 10 000 美元以下的，可以办理“辅助登记表”，不进行手册设立管理

C. 固体废料目录列名的废物可以作为加工贸易进口料件，设立手册时须提交固体废物进口许可证及复印件

D. 加工贸易手册项下出口应税商品，应在手册备注栏中注明出口成品中使用的国产料件占全部料件的数量比例

18. 海关对加工贸易电子账册进行盘库核对后，发现企业实际库存量少于电子底账核算结果，对短缺部分，企业如不能提供正当理由，海关应(　　)。

A. 通过正式报核审核

B. 按照实际库存量调整电子底账的当期结余数量

C. 按照内销处理

D. 移交缉私部门处理

19. 根据海关规定，应由下列哪一方，向海关办理加工贸易合同备案手续？(　　)

A. 进口料件的卖方

B. 出口成品的买方

C. 加工贸易经营单位

D. 承接加工料件的加工企业

20. 汕头塑料制造企业进口 ABS 粒子 8 000 吨。其中,手册备案 4 000 吨,存入保税区 3 000 吨,内销 1 000 吨,加工成品耗用 4 000 吨,则剩余料件数量为(　　)。

A. 0　　B. 1 000 吨　　C. 3 000 吨　　D. 4 000 吨

二、多项选择题

1. 海关批准货物保税的原则有(　　)。
   A. 合法经营
   B. 复运出境
   C. 可以监管
   D. 企业必须是 AEO 认证标准认定的高级认证企业
2. 下列关于海关对各种监管模式下保税加工货物的管理说法正确的有(　　)。
   A. 设立审批
   B. 纳税暂缓
   C. 监管延伸
   D. 运离结关
3. 下列贸易形式中,属于加工贸易的有(　　)。
   A. 来料加工
   B. 来料养殖
   C. 进料加工
   D. 出料加工
4. 下列加工贸易进口料件,需交验进口许可证件的有(　　)。
   A. 易制毒化学品
   B. 机电产品
   C. 原油
   D. 消耗臭氧层物质
5. 下列关于海关审定加工贸易保税货物内销完税价格的表述,正确的有(　　)。
   A. 进料加工进口料件内销时,以料件原进口成交价格为基础确定完税价格
   B. 进料加工进口料件内销时,以接受内销申报的同时或大约同时进口的与料件相同或者类似货物的进口成交价格为基础确定完税价格
   C. 来料加工进口料件内销时,以料件原进口成交价格为基础确定完税价格
   D. 来料加工进口料件内销时,以接受内销申报的同时或大约同时进口的与料件相同或者类似的货物的进口成交价格为基础确定完税价格

6. 如企业放弃加工贸易项下货物，需向海关提出书面申请，下列哪些情形海关将做出不予放弃的决定？（　）

A. 申请放弃货物属于国家禁止进口的废料

B. 申请放弃货物属于国家限制进口的废料

C. 申请放弃货物会对环境造成污染的

D. 申请货物属于法律、行政法规规定不予放弃的

7. 经海关批准，经营企业可以在保税料件之间、保税料件与非保税料件之间进行串料，必须符合（　　）。

A. 同品种　B. 同规格　C. 同数量　D. 不牟利

8. 采用电子化手册管理的保税加工货物，对保税加工货物的进出境报关，下列说法正确的有（　）。

A. 报关时所提供的有关单证内容必须与备案时的数据一致

B. 加工贸易保税货物进出境申报，可以是加工经营企业，也可以是其代理人

C. 报关时须提供加工贸易登记手册号码

D. 生产成品出口时，除特殊情况外，成品全部使用进口料件生产，不征收关税

9. 北京加工贸易企业 A 进口料件生产半成品后转给天津加工贸易企业 B 继续深加工，最终产品由 B 企业出口（A、B 企业都采用电子化手册管理），在结转报关环节，下列说法正确的有（　　）。

A. B 企业凭有关单证向南京海关办理结转进口报关手续，并在结转进口报关后的第二个工作日内将报关情况通知 A 企业

B. A 企业自接到 B 企业通知之日起 20 日内，凭有关单证向上海海关办理结转出口报关手续

C. 结转进口、出口报关的申报价格为结转货物的实际成交价格

D. 一份结转进口报关单对应一份结转出口报关单，两份报关单之间对应的申报序号、商品编号、数量、价格和手册号应当一致

10. 对于履行加工贸易合同中产生的剩余料件、边角料、残次品、副产品等，企业必须在规定的期限内处理完毕，处理的方式有（　　）。

A. 销毁　B. 结转　C. 退运　D. 放弃

11. 一般情况下，加工贸易企业应持下列哪些单证向海关报核？（　　）

A. 企业合同核销申请表、核销核算表

B. 加工贸易登记手册

C. 进出口报关单

D. 海关缉私部门出具的“行政处罚决定书”

12. 河南省南阳市一加工企业与外商签订了一份来料加工合同，该企业报关员到海关办理该批合同的备案手续时，下列属于应当向海关提交的单证资料的有(　　)。

A. “加工贸易业务批准证”和“加工贸易企业经营状况和生产能力证明”

B. 加工贸易合同或合同副本

C. 加工贸易合同备案申请表及企业加工合同备案呈报表

D. 为确定单耗和损耗率所需的有关资料

13. 以下有关加工贸易单耗、净耗、工艺损耗以及损耗率的含义表述正确的有(　　)。

A. 单耗是指加工贸易企业在正常加工条件下加工单位成品所耗用的料件量，单耗包括净耗，不包括工艺损耗，单耗＝净耗/(1－工艺损耗率)

B. 净耗是指在加工后，料件通过物理变化或者化学反应存在或者转化到单位成品中的量

C. 工艺损耗是指因加工工艺原因，料件在正常加工过程中除净耗外所必须耗用，不能存在或者转化到成品中的量，但不包括无形损耗

D. 工艺损耗率，是指工艺损耗占所耗用料件的百分比

14. 甘肃省新创汽车制造有限公司进口保税加工贸易的轮胎，用于生产叉车出口。该企业可以从(　　)进口轮胎。

A. 马来西亚海星轮胎生产有限公司

B. 长春市威鹏轮胎有限公司(210291××××)

C. 珠海市荣伟轮胎有限公司(540364××××)

D. 从事保税加工业务的柳州市兴业轮胎有限公司(751043××××)结转进口

15. 非特殊监管区域的加工贸易联网监管是海关对加工贸易保税货物实施监管的一项创新举措，实现加工贸易联网监管的加工贸易保税货物的海关手续具有下列哪些特点？(　　)

A. 可建立电子账册或电子化手册

B. 根据实际需要办理进出口货物的备案手续，取代货物进出口报关单的填制和申报

C. 不实行银行保证金台账制度

D. 电子账册备案的料件全额保税

16. 联网企业的加工贸易业务向商务主管部门提出，商务主管部门审定联网企业的（　　），符合条件的，签发“联网监管企业加工贸易业务批准证”。

A. 加工贸易资格

B. 业务范围

C. 合同审批

D. 加工生产能力

17. 联网企业通过网络向海关办理“便捷通关电子账册”备案手续，备案的内容包括（　　）。

A. 加工生产能力

B. 料件、成品部分

C. 企业基本情况表

D. 单耗关系

18. 联网企业凭商务主管部门的批准证通过网络向海关办理“经营范围电子账册”备案手续，备案的内容包括（　　）。

A. 经营单位、加工单位的名称和代码

B. 单耗关系

C. 批准证件编号

D. 加工生产能力

19. 海关对电子账册和电子化手册商品备案时，商品应该同时满足下列哪些条件才可以归入同一个联网监管商品项号？（　　）

A. 10 位 HS 编码相同

B. 商品名称相同

C. 申报计量单位相同

D. 规格型号虽不同但单价相差不大

20. 下列关于非物理围网监管模式下，加工贸易企业联网监管的表述，正确的有（　　）。

A. 联网监管目前采用电子账册和电子化手册两种方式进行管理

B. 电子账册分为经营范围电子账册和便捷通关电子账册

C. 电子化手册管理以企业整体加工贸易业务为单元实施监管

D. 联网企业的加工贸易业务无须由商务主管部门审批

21. 下列关于电子账册说法正确的有（　　）。

A. 不再对加工贸易合同进行逐票审批

B. 先备案进口料件,在生产成品出口前,再备案成品以及申报实际的单耗情况

C. 建立以企业为单元的电子账册,实行滚动核销制度

D. 对进出口保税货物的总价值按照企业生产能力进行周转量控制,取消对进出口保税货物备案数量控

22. 在保税加工贸易业务中,来料加工与进料加工的相同之处有(　　)。

A. 料件都需要进口,加工成品都需要出口

B. 备案的进口料件都全额保税

C. 料件进口和成品出口都免领许可证

D. 加工期限一般都是自料件进口之日起 1 年内加工成品出口库

23. 我国海关对加工贸易保税货物深加工结转实施严格的管理,其主要监管程序有(　　)。

A. 加工贸易保税货物深加工结转报关应当先报关后发货

B. 加工贸易保税货物深加工结转报关应当先发货后报关

C. 加工贸易保税货物深加工结转报关应由转出单位先报出口,再由转入单位报进口

D. 加工贸易保税货物深加工结转报关应由转入单位先报进口,再由转出单位报出口

24. 保税加工的基本作业流程包括(　　)阶段。

A. 办理加工贸易手册设立手续

B. 办理料件进口手续

C. 加工期间配合核查

D. 按最终流向办理相关手续

25. (　　)属于在加工贸易手册设立环节纳入特殊措施管理的商品。

A. 食糖　　B. 棉纱　　C. 原油　　D. 冻鸡

26. 报关人员小王与贸易公司在交接报关单证明联时,需要检查该证明联是否已加盖(　　)。

A. 报关企业公章

B. 海关单证章

C. 海关验讫章

D. 报关专用章

27. A 公司将加工贸易料件外发至 B 公司开展外发加工业务,可以(　　)。

A. 将加工贸易料件转卖给 B 公司

B. 由B公司将加工贸易料件再次外发

C. 将全部工序外发加工

D. 将边角料不运回A公司进行处理

28. 保税加工企业在手册电子信息报备时,需在QP系统里录入(　　)。

A. 加工企业及其加工贸易手册的基本信息

B. 料件和成品的备案信息

C. 归并后料件和成品的对应损耗关系

D. 料件进口的数据信息

29. QP系统通关备案界面分为(　　)部分。

A. 基本信息　　B. 料件表　　C. 成品表　　D. 单损耗表

30. 有下列哪些情形之一的,海关可以要求经营企业在办理手册设立手续时提供相当于应缴税款金额的保证金或者银行、非银行金融机构保函?(　　)

A. 租赁厂房或者设备

B. 首次开展加工贸易业务

C. 加工贸易手册延期两次及以上

D. 办理异地加工贸易手续

三、判断题

1. 公司生产A型号的显示器外壳,每个显示器外壳中所含的ABS塑料粒子的重量为1千克,在生产过程中的工艺损耗率为20%。该公司向海关申报A型号显示器的ABS塑料粒子单耗时,其单耗值应报为:1.25千克/个。(　　)

2. 保税加工经营企业可以在来料加工保税进口料件之间进行串换。(　　)

3. 经营企业开展外发加工业务,应当按照外发加工的相关管理规定自外发之日起3个工作日内向海关办理备案手续。(　　)

4. 加工贸易企业电子账册是以企业为单元进行管理的,不实行"银行保证金台账"制度;加工贸易电子手册是以合同为单元进行管理的,加工贸易电子化手册和电子账册一样,实行"银行保证金台账"制度。(　　)

5. 保税加工进口料件在进口报关时,暂缓纳税,加工成品出口报关时再征税。(　　)

6. 加工贸易货物的手册设立和核销单证自加工贸易手册核销结案之日起留存3年。(　　)

7. 凡是海关准予备案的加工贸易料件一律可以不办理纳税手续,保税进口。(　　)

8. 海关对加工贸易企业的分类管理实施动态管理。企业的管理类别进行调整后,如银行保证金台账从“空转”转为“实转”的,应对原备案合同未履行出口部分交付保证金。(　　)

9. 加工贸易企业进口料件属于国家禁止进口的,不得办理手册设立手续。(　　)

10. 加工贸易经营企业申请内销的剩余料件,如果金额占该加工贸易合同项下实际进口料件总额5%以内(含5%)且总值在1万元以下(含1万元),商务主管部门免于审批,属于进口许可证件管理范围内,企业免交许可证件。(　　)

四、综合实务题(不定项选择)

1. 山东乳山万顺化工产品有限公司使用现汇与新加坡星海贸易有限公司签约进口一批HA型号的聚乙烯(法定检验、自动进口许可管理)200吨用于加工印花雨衣,每吨为CIF青岛990美元。该合同履行过程中,因境外发货有误,部分料件没有及时到货,为确保履行成品出口合同,经报主管海关同意,使用本企业其他进口非保税料件进行串换。在加工过程中,由于没有印花设备,万顺公司经主管海关同意,将半成品交江苏南通康龙胶印有限公司印花后运回。合同执行过程中产生的边角料作内销处理。合同执行完毕,向主管海关办理了报核手续。

请根据上述案例,回答下列问题:

(1)该企业向海关办理聚乙烯进口申报手续时应提交下列哪些单证?(　　)

A. 进口货物报关单

B. 提单、发票

C. 自动进口许可证

D. 入境货物通关单

(2)万顺公司与星海公司之间、万顺公司与康龙公司之间的行为关系分别属于(　　)。

A. 来料加工和外发加工

B. 进料加工和外发加工

C. 来料加工和异地加工

D. 进料加工和深加工结转

(3)万顺公司向海关申请将半成品交南通康龙公司加工时,应当提供的单证包括(　　)。

A. 万顺公司签章的加工贸易货物外发加工申请表及“加工贸易外发加工货物外发清单”

B. 万顺公司签章的异地加工贸易申请表及“加工贸易异地加工货物清单”

C. 万顺公司签章的承揽企业经营状况和生产能力证明

D. 万顺公司签章的加工贸易保税货物深圳加工结转申请表及“深加工结转清单”

(4)关于该加工贸易合同的备案，下列表述正确的有(　　)。

A. 万顺公司到康龙公司所在地海关备案

B. 万顺公司到本企业所在地海关备案

C. 康龙公司到万顺公司所在地海关备案

D. 康龙公司到本企业所在地海关备案

(5)关于该加工贸易合同执行期间所发生的料件串换及处置，以及边角料的内销，下列说法正确的有(　　)。

A. 串换的料件必须是同品种、同规格、同数量

B. 串换的料件关税税率为零，不涉及进出口许可证件管理

C. 串换下来的同等数量料件，由企业自行处置

D. 边角料内销，按申报数量计征进口税；以料件的原进口成交价格为基础

2. 福建顺旺胶袋制品公司属外商独资企业(加工贸易B类管理企业即按AEO认证标准属于一般信用企业，与海关实行加工贸易电子化手册管理)为生产供外销产品使用的包装袋，从境外购买人工合成材料(加工贸易允许类产品，自动进口许可证管理、法定检验)20吨，合同总价为CIF USD28 000，装载货物的运输工具于7月12日(周五)向海关申报进口。该批货物于7月30日海关申报进口，海关当日予以接受。(注：USD1＝RMB7)

请根据上述案例，回答下列问题：

(1)根据案例描述，该企业应按加工贸易货物办理相关材料的进口手续。除加工贸易合同外，该企业向海关办理加工贸易合同备案时应提交的主要单证还包括(　　)。

A. 商务主管部门按照权限签发的“加工贸易业务批准证”和“加工贸易业务经营状况和生产能力证明”

B. 加工贸易合同备案申请表及企业加工合同备案呈报表

C. 为确定单耗和损耗需提供的有关材料

D. 自动进出口许可证

(2)根据案例提供的已知条件和加工贸易银行保证金台账的规定,企业办理加工贸易合同备案时应(　　)。

A. 不设台账

B. 设台账,空转

C. 设台账,实转

D. 设台账,半实转

(3)该批货物进口申报时,除进口货物报关单外,还应向海关提交下列哪些单证?(　　)

A. 自动进出口许可证

B. 入境货物通关单

C. 加工贸易登记手册

D. 商业发票、装箱单

(4)该批货物于7月30日向海关申报,海关当日接受申报,则该企业(　　)。

A. 未滞期

B. 构成滞报,但不足起征点,故免于征收

C. 应缴纳滞报金196元

D. 应缴纳滞报金392元

(5)假设经海关稽查发现企业在经营加工贸易活动中有未如实向海关申报加工贸易制成品单位耗料量的行为。海关对其定性和处理正确的有(　　)。

A. 认定该企业有违反海关监管规定的行为,由海关依照《海关法》和《海关法行政处罚实施条例》的规定处理

B. 认定该企业有走私行为,尚不构成犯罪,由海关依照《海关法》和《海关法行政处罚实施条例》的规定处理

C. 认定该企业有走私行为,已构成犯罪,依法追究刑事责任

D. 认定该企业有工作失误,但尚不构成上述违规、走私和犯罪,由海关补征关税

3. 北京九龙纺织品有限公司,是一家新成立的加工贸易企业(110293××××)从国外购买价值185 900美元的化学短纤用于加工成纱线后返销境外,装载货物的运输工具于2016年6月4日从天津新港口岸进境,采用直转转关方式于6月8日运抵北京,报关人员当日以电子数据报关单方式向海关申报,海关计算机系统与当日接受申报并给企业发送"现场交单"的回执,报关员于次日持打印的纸质报关单,备齐规定的单证到海关提交书面单证,海关现场审单人员发现报关员错将货物价格申报为158 900美元,报关人员按要求进行修改后重新发送,海关与当日接受申报。

该企业加工成纱线后，由于市场状况发生变化60%的纱线返销境外，剩余的纱线报经商务主管部门批准，10%的纱线结转给河北柔彩纺织品制造企业继续加工成混纺面料后由河北绿涛外贸企业出口至境外，30%的纱线内销。

请根据上述案例，回答下列问题：

(1)北京九龙纺织品有限公司办理手册设立手续时，银行保证金台账应按下列规定办理（ ）。

A. 设立银行保证金台账，无须缴付保证金

B. 设立银行保证金台账，按应征税款的50%缴付保证金

C. 设立银行保证金台账，按应征税款的100%缴付保证金

D. 无须开设台账

(2)报关人员错将货物价格申报为158 900美元被海关现场审单人员发现，此时（ ）。

A. 海关应通知进出口货物收发货人，海关在进出口货物收发货人填写“进出口报关单修改/撤销申请表”并提交有关相关单证后，海关对报关单进行修改或者撤销

B. 海关在纸制报关单上直接修改

C. 海关对该报关单位办理报关业务中出现的报关差错予以记录

D. 该批货物的申报日期为6月11日

(3)海关已接收电子申报，现场交单发现货物价格申报错误，海关要求修改。该企业应当在（ ）内完成修改并且重新发送报关单电子数据。

A. 1日　　B. 5日　　C. 7日　　D. 10日

(4)将加工10%的纱线结转给河北柔彩纺织品制造企业继续加工成混纺面料后由河北绿涛外贸企业出口至境外的做法，在海关监管中被称之为（ ）。

A. 外发加工

B. 跨关区深加工结转

C. 跨关区委托加工

D. 跨关区进料加工结转

(5)下列有关30%的纱线内销时的表述正确的有（ ）。

A. 完税价格以接受内销申报的同时或大约同时进口的与化学纤维短纤相同或类似的货物进口成交价格为基础审查确定完税价格

B. 征税的数量应根据单耗关系折算耗用掉的进口料件数量计征进口税

C. 缓税利息的计息期限为首批料件进口之日起至海关填发税款缴款书之日止

D. 缓税利息的利率为中国人民银行公布的活期贷款利率

4. 宁夏海信金属制品有限公司(加工贸易B类管理企业即按AEO认证标准属于一般信用企业)经批准从日本购进不锈钢材(进口自动许可证管理范围商品、加工贸易限制类商品)5吨,每吨价值1 500美元,加工产品为手表表带。手表表带加工完毕后,由另一关区兰州雅士达钟表制品有限公司装配手表出口。海信金属制品有限公司在加工过程中,由于工艺改进等原因节省进口保税料件若干,另生产过程中产生了不锈钢废料若干。

根据上述案例,回答下列问题:

(1) 下列关于宁夏海信金属制品有限公司办理加工贸易合同备案的表述正确的有(　　)。

A. 海信金属制品有限公司在其所在地主管海关备案

B. 应设立加工贸易银行保证金台账,半实转

C. 备案时应向海关提交自动进口许可证

D. 应向海关提交加工贸易外发加工申请表

(2)海信金属制品有限公司进口料件不锈钢材时,除进口货物报关单外,还应向海关提交的单证有(　　)。

A. 加工贸易手册

B. 自动进口许可证

C. 发票

D. 提单

(3)海信金属制品有限公司将加工完成的表带结转至兰州雅士达钟表制品有限公司,双方先后应办理的海关手续为(　　)。

A. 收发货登记—结转报关—计划备案

B. 计划备案—收发货登记—结转报关

C. 计划备案—结转报关—收发货登记

D. 结转报关—收发货登记—计划备案

(4)海信金属制品有限公司的剩余料件拟结转到另一个加工贸易合同生产出口,其要求的条件为(　　)。

A. 必须是同一经营单位

B. 必须是同一加工厂

C. 必须是同样的进口料件

D. 必须是同一加工贸易方式

(5)海信金属制品有限公司生产加工过程中产生的废料，在处理过程中无须填制报关单的情况有(　　)。

A. 内销处理

B. 退运处理

C. 放弃交海关处理

D. 销毁处理

五、案例实训

1. 常州星洋电子有限公司是一家专营进料加工集成电路块出口的外商投资企业(适用于海关B类管理的即按AEO认证标准属于一般信用企业)。该企业于2016年3月对外签订了主料硅片(非限制类商品)等原材料的进口合同，合同规定20％加工成品内销，80％加工成品外销，原料4月底交货。6月份与境外商人订立了集成电路块出口合同，交货期为10月底，9月底产品全部储运。

作为常州星洋电子有限公司的报关人员，要完成这个进料加工报关业务，必须面对下列问题：

(1)外销部分须办理手册设立手续，应该如何办理？

(2)如何办理主料进口报关？

(3)如何办理成品出口手续？

(4)如何办理合同核销手续?

2. 广东东莞东海薄膜有限公司(441994××××)从新加坡购买原料加工出口金属薄膜(非泡沫)。产品加工完毕后,该公司将产品销售给深圳市工业电器设备有限公司(500824××××)加工出口电容器。为便利货物通关,深圳公司拟委托深圳天隽报关有限公司办理报关手续。

作为天隽报关公司的报关人员,为了该货物顺利通关,请你设计报关方案。

3. 苏州多彩服装有限公司将进口的布料生产 1 000 件旗袍,交给无锡雅莹服装有限公司完成刺绣工序后,运回到杭州多彩服装有限公司出口。

(1)作为苏州多彩服装有限公司的报关人员,应该如何办理 1 000 件旗袍外发加工业务的报关流程?

(2)由于国外市场有变化,苏州多彩服装有限公司只向国外客户出口了 600 件,剩下的 400 件旗袍销售到国内市场。

作为苏州多彩服装有限公司的报关人员,在 400 件旗袍内销到国内市场前,应该如何向海关办理相关手续?

4. 同创科技(深圳)有限公司是深圳特区内一家港资企业,海关注册代码为440314××××,主要生产计算机配件产品,产品100%外销,外商公司为同创科技(香港)有限公司。

2016年8月2日,同创科技(香港)有限公司接到美国客户LAKE公司的一批订单,订单内容为:LAKE公司向同创科技(香港)有限公司订购数码相机镜头/计算机用——2 000PCS,单价为FOB深圳USD 40,交货日期最晚不得超过2016年12月31日。同创科技(香港)有限公司将该订单安排给同创科技(深圳)有限公司负责生产及出口事宜。

2016年9月7日,同创科技(深圳)有限公司开始着手该订单的生产,因生产需要,有一部分料件由香港公司进行采购,因数量较少,采用自带的方式从罗湖海关入关,香港公司提供的装箱明细如下:

装箱单

合同号:2016-01　　　　日期:2016年9月6日

品名规格	数量	总净重	总毛重	件数
单片数字集成电路/线宽>0.35UM	8 000PCS			
单片数字集成电路/0.18UM<线宽≤0.35UM	2 000PCS			
单层双面空白的印刷电路板	2 000PCS			
镜头/Lens	2 000PCS	21.2 kg	22.2 kg	1件

同创科技(香港)有限公司

公司备好其他的国内采买的料开始生产,生产完成后,2016年11月3日,同创科技(深圳)有限公司请广达运输公司负责将货运至香港,负责运输的汽车车牌为粤ZH0××港,2吨散货车。作为该公司的报关人员,为了该货物顺利通关,请你设计报关流程。

知识拓展

(一)如何确定损耗

某医保用品有限公司是2010年成立的台商独资企业,注册资本200万美元,该企业主要生产医用、保健用无纺布系列产品,产品主要出口美国。

“热熔胶”主要用于粘贴无纺布裁片,其替代了传统的车缝工序,以提高产品的防菌防水性能。“热熔胶”在常温下是固体,经加热熔解后成为液体胶水,然后用于粘贴无纺布裁布,从而替代传统的车缝工序。"热熔胶"的生产步骤为:一是将"热溶胶"倒入高温熔解机熔解;二是将熔解成的胶水倒入喷胶机喷洒到需粘贴的表面;三是粘贴成型。

"热熔胶"产生损耗的环节主要包括两个:一是在加热环节,加热会令"热熔胶"挥发,挥发率会根据温度的高低,时间长短有所浮动,是无形损耗;二是熔接机底部会残留一些"热熔胶"不能排出,不能排出的部分不可以二次加热,否则将会失去黏性,是有形损耗。

该企业按照以下方法对损耗进行测量和计算:

对于无形损耗方面,该企业正常作业温度在150℃~160℃,可以通过取样测试确定损耗。将经称量后的"热熔胶"放入热熔胶机的熔桶内,计算熔桶重量,加温至正常作业温度155℃下并保持一定时间后,令热熔胶完全熔解,待其冷却固化,连熔桶称重。从而测出挥发率,此为无形损耗。对于有形损耗方面,熔解机底部会残留的"热熔胶"冷却后可以取出进行称重。企业可以随机抽取生产车间多部熔解机一天的投入量,扣除无形损耗挥发重量后与残留重量进行计算,得出有形损耗。

最后,综合无形和有形损耗,得出该企业"热熔胶"的损耗为10%。

(二)如何计算损耗率

某不锈钢制品有限公司是一家外商企业,于1999年10月开始投产,进口冷轧不锈钢钢板、热轧不锈钢卷板等,生产西式餐具、厨具等不锈钢制品。其中生产某铁盘的主要工序是:裁切、冲压、打磨、包装等,各环节损耗如下:

1. 裁切:投入10吨料,产出8吨半成品,2吨边角料,本环节损耗率=2吨÷10吨=20%。

2. 冲压:本工艺不产生损耗。

3. 打磨:将冲压后的8吨半成品打磨,最终成品重7.5吨,损耗0.5吨,本环节损耗率=0.5吨÷8吨=6.25%。

案例分析:该企业损耗率计算是错误的。

该铁盘的损耗率=各环节产生的边角料总重量÷投入料件总重量=(2吨+0.5吨)÷10吨=25%

如果只是简单地将各个环节的损耗率相加,该方法计算的损耗率大于企业的实际损耗率,则计算错误。

第四节　特定减免税货物的报关程序

一、单项选择题

1. 作为特定减免税货物的机动车辆，海关的监管年限为(　　)。

A. 1年　　B. 5年　　C. 6年　　D. 8年

2. 出口加工区企业从境外进口免税的机器设备等应填制(　　)。

A. 出口加工区出境备案清单

B. 出口加工区进境备案清单

C. 进口货物报关单

D. 出口货物报关单

3. A与B企业都属于享受进口减免税优惠的企业，A企业将特定减免税货物转让给B企业，由(　　)应当先向主管海关申领“进出口货物征免税结转函”，凭以办理货物的结转手续。

A. A企业

B. B企业

C. 其他企业

D. A企业和B企业

4. 特定减免税货物在海关监管期内销售、转让的，企业应向海关办理(　　)。

A. 缴纳进口税费，解除海关监管的相关手续

B. 缴纳出口税费的手续

C. 不需要办理纳税手续

D. 以上答案都不对

5. 享受特定减免税优惠进口的钢材，必须按照规定用途使用，未经海关批准不得擅自出售、转让、移作他用，按照现行规定，海关对其的监管年限为(　　)。

A. 8年　　B. 6年　　C. 5年　　D. 3年

6. 北京奔驰有限公司从美国购进大型机器成套设备，分三批运输进口，其中，一批从天津进口，一批从青岛进口，另一批经空运从首都机场进口。该企业在向海关申请办理该套设备的减免税手续时，下列做法正确的是(　　)。

A. 向北京海关分别申领两份征免税证明

B. 向北京海关分别申领三份征免税证明

C. 向天津海关申领一份征免税证明,向青岛海关申领一份征免税证明

D. 向天津海关申领一份征免税证明,向青岛海关申领一份征免税证明,向北京海关申领一份征免税证明

7. 特定减免税进口货物的海关监管期限按照货物的种类各有不同,以下特定减免税货物的海关监管期限正确的是(　　)。

A. 船舶、飞机、建材8年;机动车辆6年;其他货物5年

B. 船舶、飞机8年;机动车辆6年;其他货物3年

C. 船舶、飞机、建材8年;机动车辆、家用电器6年;其他货物5年

D. 船舶、飞机8年;机动车辆6年;其他货物5年

8. 我国外商投资企业A公司特定减免税进口一辆汽车,2年后经批准按折旧价格转让给同样享受特定减免税的B公司,海关对结转的该汽车应进行监管的期限是(　　)。

A. 8年　　B. 6年　　C. 5年　　D. 4年

9. 税收担保期限为不超过________,经直属海关关长或其授权人批准可以予以延期,延期时间自担保期限届满之日起算,延长期限不超过________。特殊情况仍需延期的应当经________批准。(　　)

A. 6个月;1年;直属海关

B. 6个月;1年;海关总署

C. 6个月;6个月;海关总署

D. 1年;1年;海关总署

10. 在海关监管年限内,减免税申请人应当自进口减免税货物放行之日起,在每年的(　　)向主管海关递交减免税货物使用状况报告书,报告减免税货物使用状况。

A. 第一季度　　B. 第二季度　　C. 第三季度　　D. 第四季度

二、多项选择题

1. 下列特定减免税货物海关的监管年限为8年的有(　　)。

A. 船舶

B. 飞机

C. 机动车辆

D. 机器设备

2. 特定减免税货物的特征有(　　)。

A. 特定条件下减免进口关税

B. 进口申报应当提交进口许可证件

C. 进口后在特定的海关监管期限内接受海关监管

D. 放行就等于结关

3. 特定减免税货物的申请人向境内金融机构办理贷款，抵押时应向海关提供下列哪些形式的担保？(　　)

A. 与货物应缴税款等值的保证金

B. 境内金融机构提供的相当于货物应缴税款的保函

C. 减免税申请人、境内金融机构共同向海关提交“进口减免税货物贷款抵押承诺保证书”

D. 境外金融机构提供的相当于货物应缴税款的保函

4. 下列关于特定减免税货物的稽查期限表述错误的有(　　)。

A. 海关的稽查期限是自货物放行之日起 3 年内

B. 海关的稽查期限是海关监管期限及其后的 3 年内

C. 海关的稽查期限是海关监管期限内

D. 海关的稽查期限是自货物办结海关手续之日起 3 年内

5. 外商投资企业必拓公司在我国西部贵州黔西南地区进行开采铁矿项目的投资，经海关审定该项目的减免税额度为 6 000 万元。该公司进口一套价值 200 万元的开采设备。2 年后，经批准按折旧价格(100 万元)转让给同样享受减免税待遇的当阳电子公司(减免税额度为 4 000 万元)，办理了相关结转手续，下列说法正确的有(　　)。

A. 必拓公司将开采设备转让给当阳电子后，其减免税额度恢复为6 000万元

B. 必拓公司将开采设备转让给当阳电子后，其减免税额度不予恢复

C. 当阳电子公司接受必拓公司结转的开采设备后，其减免税额度为 3 800 万元

D. 当阳电子公司接受必拓公司结转的开采设备后，其减免税额度为 3 900 万元

6. 减免税货物因品质或规格原因原状退运出境，下列说法正确的有(　　)。

A. 以无代价抵偿方式进口同一类型货物的，不予恢复减免税申请人的减免税额度

B. 以无代价抵偿方式进口同一类型货物的，可以恢复减免税申请人的减免税额度

C. 未以无代价抵偿方式进口同一类型货物的,减免税申请人在原免税货物退运出境之日起 1 年内向海关申请,经批准可恢复

D. 未以无代价抵偿方式进口同一类型货物的,减免税申请人在原免税货物退运出境之日起 3 个月内向海关申请,经批准可恢复

7. 特定减免税货物海关监管期限内申请解除监管的,应按下列哪些方式办理?( )

A. 在海关监管期限内在境内出售时,海关可免征进口税

B. 在海关监管期限内在境内转让给同样享受进口减免税优惠的企业,接受货物的企业可以凭“征免税证明”办理结转手续,继续享受特定减免税优惠待遇

C. 可以申请将特定减免税货物退运出境

D. 可以书面申请放弃交海关处理

8. 下列关于特定减免税货物管理表述正确的有( )。

A. “进出口货物征免税证明”有效期为 6 个月,特殊情况可延长,但最长延长期限为 3 个月

B. 在特定条件和规定范围内使用,可减免进口关税,但进口环节税不予减免

C. 除另有规定外,凡属于进口需要交验许可证件的货物,收货人应在进口申报时向海关提交进口许可证件

D. 货物进口后在特定的海关监管期限内接受海关监管

9. 特定减免税货物的报关程序分为( )阶段。

A. 减免税备案

B. 减免税备案审批

C. 进口报关

D. 减免税货物后续处置解除监管

10. 根据现行海关规定,下列进口货物属于海关减免税优惠范围的有( )。

A. 珠澳跨境工业园区一家物流企业进口自用物流设备

B. 边民互市和边境小额贸易的进口货物

C. 残疾人组织和单位进口的残疾人专用品

D. 成都双流综合保税区内企业进口自用的管理设备

三、判断题

1. 进口特定减免税机器设备只能在本企业自用,不可以在两个同样享受特定减免税优惠的企业之间结转。( )

2. 特定减免税进口货物，除另有规定外，一般不豁免进口许可证件。（　）

3. 某外商投资企业经批准进口享受特定减免税旧设备一台，可以免于申领“自动进口许可证”。（　）

4. 企业破产清算时仍在海关监管期限内的特定减免税货物，应在破产清算之前，向海关申请办理解除海关监管手续，有关货物才能进入破产清算、变卖、拍卖程序。对进入法律程序的特定减免税货物，如属于进口许可证管理的货物，原进口时未向海关提交进口许可证件的，海关可凭人民法院的判决和国家仲裁机关的仲裁证明免交进口许可证件。（　）

5. 若一批特定减免货物从不同口岸进口，可以只办理一份“进出口货物征免税证明”。（　）

6. 云南红河综合保税区内的一家外商投资企业以企业自用的名义进口了一批办公家具，进口后即捐赠给当地的一个社会福利院，半年后被海关发现，因该企业从事公益活动，海关不得对其进行处罚。（　）

7. 特定减免税货物监管期届满时，减免税申请人不必向海关申请领取“减免税进口货物解除监管证明”，自动解除监管，可以自行处置。（　）

8. 监管年限内申请解除原“免表”的申请人，需先办结减免税货物的补税结关手续，再向“减免税证明”的原签发海关提出申请解除监管。海关审核无误后，给予签发“减免税进口货物解除监管证明”。（　）

9. 特定减免税货物在进口之前，进口货物收发货人或其代理人应当办理加工贸易备案和登记手册的手续。（　）

10. 企业要求放弃特定减免税货物的，以口头方式向主管海关提出放弃货物的申请。（　）

四、案例分析题（不定项选择）

1. 湛江威尔士有限公司（440893××××鼓励项目企业）在其投资总额内从德国进口10台注塑机（涉及机电产品机动进口许可管理）。2016年2月7日通过轮船“FLOW STOW”号装运到广州，该企业委托广州某报关行于2016年2月8日向广州新风港海关办理转关申请手续，后由“东风号”轮船于2016年2月8日运抵湛江，并于2016年2月27日向湛江海关办理进口报关手续，货物经海关查验后放行，货到公司后收货人发现其中有1台设备损坏。经该公司与德国方面交涉，德国公司同意免费补偿同数量、同品牌、同规格的货物。补偿货物于2016年4月18日运达。

请根据上述案例,选择回答下列问题:

(1)如该注塑机未列入《外商投资项目不予免税的进口商品目录》,进口时应(　　)。

A. 在货物抵达广州后,由企业持外商投资企业征免税手册和免税申请表向广州海关申请办理进口货物征免税证明,免税进口

B. 在货物抵达广州前,由企业持外商投资企业征免税手册和免税申请表向广州海关申请办理进口货物征免税证明,免税进口

C. 在设备抵达湛江后,由企业持外商投资企业征免税手册和免税申请表向湛江海关申请办理进口货物征免税证明,免税进口

D. 在设备抵达广州前,由企业持外商鼓励项目确认书和免税申请表等资料向湛江海关申请办理进口货物征免税证明,免税进口

(2)该企业应该缴纳多少天的滞报金?(　　)

A. 在法定申报时限内不存在滞报问题

B. 应向海关缴纳 3 天的滞报金

C. 应向海关缴纳 4 天的滞报金

D. 应向海关缴纳 5 天的滞报金

(3)关于损坏的货物及其免费补偿的进口货物,下列表述正确的有(　　)。

A. 如果作为无代价抵偿的设备进口时,原损坏的进口设备尚未退运出境或放弃交由海关处理的,经主管海关同意,向海关提供保证金,凭担保放行

B. 进口损坏 1 台设备如自进口之日起 1 年内原状退货复运出境,经海关核实后可以免征出口关税

C. 如收货人将该台损坏的注塑机在国内削价处理,经海关对其残留价值补税并交验了机电产品机动进口许可证,则免费补偿的注塑机免税进口,免验许可证件

D. 无论收货人对该批损坏货物作何处理,免费补偿货物均可免税进口

(4)免费补偿的货物进口时除应当填制进口报关单和提供基本单证外,还应提供(　　)。

A. 原进口货物报关单

B. 原进口货物退运出境的出口货物报关单,或者原进口货物交由海关处理的货物放弃处理证明,或者已经办理纳税手续的单证

C. 原进出口货物征免税证明

D. 买卖双方签订的索赔协议

(5)假如该企业由于经营不善等原因申请破产，经清算后其进口的注塑机（在海关监管年限内）按下列哪些方法处理？（ ）

A. 因设备属于一般贸易进口，破产时可直接抵押

B. 企业可将设备直接变卖偿还债务

C. 原减免税申请人应当自资产清算之日起 30 日内向主管海关申请办理减免税货物的补缴税款和解除监管手续

D. 因该企业已经破产，自动解除监管

2. 江西九江大顺电子为一家中外合资企业，使用自有资金从德国进口自用设备 1 台，CIF 九江，货值 10 万元，属进口许可证件管理，企业向主管海关办理了减免税备案登记，申领了“进出口货物征免税证明”。设备进口后使用 2 年 6 个月，因产品调整，企业将设备转售给国内另一家企业，价格为 3 万元。

根据上述案例，选择回答下列问题：

(1)外商投资企业向主[illegible]办理减免税备案登记应提交（ ）。

A. 商务主管部[illegible]

B. 营业执照[illegible]

C. 进出[illegible]有关货物的产品情况资料

D. 进出口货[illegible]申请表

(2)下述不符合“进出口货物征免税证明”使用有关规定的是（ ）。

A. 有效期为 6 个月，特殊情况可申请延长 6 个月

B. 规定口岸海关使用

C. 实行一份证明只能验收一批货物的原则

D. 年内使用有效

(3)该设备进口货物报关单相关栏目填报错误的有（ ）。

A. 贸易方式填报：合资合作设备

B. 征免性质填报：中外合资

C. 用途栏目填报：企业自用

D. 征免栏目填报：全免

(4)本案例特定减免税货物在海关监管期内销售，符合规定的有（ ）。

A. 企业应当向海关办理缴纳进口税费的手续

B. 海关按照原进口货物成交价格为基础确定完税价格

C. 属进口许可证件管理的免交验许可证件

D. 海关签发解除监管证明，企业即可将原减免税货物在国内销售

(5)本案例特定减免税货物内销,其完税价格应为(　　)。

A. 10 万元　　B. 5 万元　　C. 4.83 万元　　D. 3 万元

3. 天津金冠食品有限公司(120724××××)为一家主营粮油加工的企业。为了进一步适应企业发展的需要,企业利用投资总额外自有资金从国外进口一套先进的环保型生产设备,由天津外贸有限公司(120721××××)代理进口手续。生产设备进口前,向天津海关申领了"进出口货物征免税证明"。该企业加工贸易业务规模扩大,对加工生产流程进行了管理信息化整合,并准备向海关申请加工贸易联网监管,设立电子账册。

根据上述资料,解答下列问题:

(1)根据题中给定条件判断,该"进出口货物征免税证明"签注的征免性质应为(　　)。

A. 鼓励项目

B. 科教用品

C. 自有资金

D. 外资企业

(2)生产设备进口时,其报关单"贸易方式"栏应填报为(　　)。

A. 一般贸易

B. 合资合作设备

C. 外资设备物品

D. 加工贸易设备

(3)下列关于金冠公司申请建立加工贸易电子账册手续的表述,正确的有(　　)。

A. 向商务主管部门申请联网企业加工贸易经营范围审批

B. 向主管海关申请电子账册管理模式的联网监管审批

C. 向商务主管部门申请联网企业的加工贸易业务审批

D. 向所在地主管海关申请建立电子账册

(4)经批准海关对金冠公司实施加工贸易企业联网监管后(　　)。

A. 加工贸易货物进出境报关无须对加工贸易合同进行逐票审批

B. 对进出口保税货物的总价值(数量)按照企业生产能力进行周转量控制,取消对进出口保税货物备案数量的控制

C. 不实行银行保证金台账制度

D. 加工贸易货物进出境无须填制报关单向海关报关

(5)经批准海关对金冠公司实施加工贸易企业联网监管后,关于其加工贸易货物报核的说法正确的有(　　)。

A. 实行滚动核销的方式，即对电子账册按时间段进行核销

B. 以 180 日为一个报核周期

C. 首次报核期限应在电子账册建立之日起 180 日后的 30 日内；以后报核期限，从上次报核之日起 180 日后的 30 日内完成

D. 分预报核和正式报核两个步骤

五、清关方案设计

1. 2016 年 1 月 3 日，新成立的大庆超特塑料有限公司(191093××××）从境外购进聚对苯二甲酸乙二酯一批，用于加工生产出口美国用的包装用塑料盒，同时该公司在投资总额内从美国进口了 10 台打码机，用于塑料盒打码。

请写出该案例所涉及的海关监管货物及其清关方案。

2. 广东祥和电子有限公司为 2010 年 9 月成立的外商独资企业，海关注册编码是 440194××××，投资总额为 1 000 万美元，其中办公用品、厂房等实物投资为 2 856 753 美元；截至 2015 年 7 月 15 日已申请进口设备总额为 5 864 381 美元，均为免税进口。2015 年 7 月 16 日因生产需要，该公司要进口两台中国台湾产注塑机，单价 34 647 美元，于 2015 年 9 月 25 日从中国台湾运至中国香港并委托车牌号为粤 ZAY××港的货柜车运至广州，当天即向广州黄埔开发区海关申报。

祥和电子有限公司委托广州报关行代办进口报关手续。作为该报关行的报关人员，请设计该票货物的海关清关方案。

3. 重庆大学邀请境外某学术代表团来华进行学术交流,通过货运渠道从重庆国际机场口岸运进一批教学必须设备,其中有一个先进的智能机器人是国内所没有的。货物进口时,重庆大学作为收货人委托重庆捷达报关公司在机场海关办理该批设备的进口手续。交流结束后,重庆大学同外国代表团协商决定留购该机器人以备研究,并以科教用品的名义办妥减免税手续,其余测试设备在规定期限内经天津国际机场复运出口。

请根据案例,回答以下问题:

(1)重庆报关企业申请教学设备报关进口时,应按何种管理性质的货物申报?

(2)机器人留购,应办理哪些报关手续?

第五节　集中报关、进出境快件与转关运输的申报程序

一、单项选择题

1. 进境快件应当自运输工具申报进境之日起________向海关申报,出境快件在运输工具离境________向海关申报。(　　)

A. 14 日内;7 日内

B. 14 日内;3 小时

C. 7 日内;15 日内

D. 7 日内;3 小时

2. 进口货物在进境地海关办理转关手续,货物运抵指运地海关办理申报手续,这种转关方式是(　　)。

A. 提前报关转关

B. 直转转关

C. 转运货物

D. 中转转关

3. 直转方式转关的进口货物应当自运输工具________内，向进境地海关办理转关手续，在海关限定期限内运抵指运地海关之日起________内，向指运地海关办理报关手续。（ ）

A. 进境之日起 14 日；14 日

B. 申报进境之日起 14 日；14 日

C. 申报进境之日起 15 日；15 日

D. 进境之日起 15 日；15 日

4. 经海关批准允许集中申报的进口货物，应在规定期限内将________录入电子数据向海关申报，海关审结之日起________现场交单。在次月 10 日前对________以内申报的数据进行归并，填制进出口货物报关单，再到海关办理集中申报手续。（ ）

A. 集中申报清单；3 日内；1 个月

B. 电子数据报关单；3 日内；1 个月

C. 集中申报清单；10 日内；1 个月

D. 电子数据报关单；10 日内；6 个月

5. 收发货人申请办理集中申报备案手续的，应当向海关提交"适用集中申报通关方式备案表"，同时提供符合海关要求的担保，担保有效期最短不得少于（ ）。

A. 6 个月 B. 3 个月 C. 1 个月 D. 12 个月

6. 成都彩虹外贸公司从天津新港进口一批货物，在天津新港海关办理进口转关手续，货物由转关运输货物承运人按照海关要求运至成都双流综合保税区海关报关进口。在转关中新港海关被称为（ ）。

A. 进境地 B. 起运地 C. 指运地 D. 转关地

7. 提前报关的进口转关货物应在电子数据申报之日起（ ）内向进境地海关办理转关手续。

A. 14 日 B. 7 日 C. 5 日 D. 15 日

8. 石家庄市野马拖拉机厂使用进口料件加工拖拉机挂斗，在石家庄向海关申报出口，经天津塘沽海关复核放行后运往美国。此项加工成品复出口业务，要办理的手续是（ ）。

A. 境内转关运输手续

B. 货物过境手续

C. 货物登记备案手续

D. 出口转关运输手续

9. 出境快件应在运输工具离境(　　)之前向海关申报。

A. 2 小时　　B. 24 小时　　C. 3 小时　　D. 8 小时

10. 下列关于集中申报方式说法错误的是(　　)。

A. 图书、报纸、期刊类出版物等时效性较强的货物适用集中申报

B. 涉嫌走私或者违规,正在被海关立案调查的收发货人进出口货物不适用集中申报

C. 集中申报应提供符合海关要求的担保,担保有效期最短不得少于 3 个月

D. 应当对一个月内以集中申报清单申报的数据进行归并,填制进出口货物报关单,一般贸易货物在次月底之前到海关办理集中申报手续

11. 某国家重点水利工程从境外进口一批急需物资,为加速货物通关,收货人向海关申请将该批货物转关运输至工程所在地办理海关手续。但该工程所在地并未建立海关机构,且货物因超高超长无法封入运输装置。对此,海关将采取下列哪种方法办理?(　　)

A. 该批货物作为特殊情况,经海关批准可同意转关,并由主管海关派员到工程所在地办理进口手续

B. 该批货物虽为国家重点工程所需,但因不具备转关运输的条件,而只能在进境地办妥进口手续

C. 该批货物在收货人向海关提供担保后,可同意转关

D. 该批货物可由海关派员押运至临近该工厂的海关办理进口通关手续

12. 下列进口的废物中,可以申请转关运输的是(　　)。

A. 木制品废料

B. 废纸

C. 废电机、电器产品

D. 纺织品废物

13. 出口货物的提前报关方式的转关运输,报关单位应在向起运地海关电子数据申报之日起(　　)内,将货物运至起运地海关监管场所并向起运地海关办理转关运输手续,否则起运地海关撤销提前报关电子数据。

A. 5 日　　B. 7 日　　C. 10 日　　D. 14 日

14. 特殊情况下,经海关批准,报关人员可以自装载货物的运输工具申报进境之日起(　　)内向指定海关办理集中申报手续。

A. 10 日　　B. 30 日　　C. 1 个月　　D. 3 个月

15. 对于应征税的进口货样广告品,报关时应提交的报关单是(　　)。

A. 进境快件 KJ1 报关单

B. 进境快件 KJ2 报关单

C. 进境快件 KJ3 报关单

D. 个人物品报关单

16. 下列进境快件中需要提交 KJ1 报关单的是(　　)。

A. 文件类

B. 个人物品

C. 准予免税的货样、广告品

D. 应税的货样、广告品

二、多项选择题

1. 下列关于进境快件适用报关单证的表述,正确的有(　　)。

A. 文件类应当适用 KJ1 报关单

B. 个人物品类应当适用快件个人物品报关单

C. 海关规定准予免税的货样、广告品应当适用 KJ2 报关单

D. 其他货物类应当适用 KJ3 报关单

2. 适用集中申报通关方式的货物有(　　)。

A. 图书、报纸、期刊类出版物等时效性较强的货物

B. 危险品或者鲜活、易腐、易失效等不宜长期保存的货物

C. 公路口岸进出境的保税货物

D. 易碎的货物

3. 收发货人有下列哪些情形之一的,应停止适用集中申报通关方式?(　　)

A. 担保情况发生变更,不能继续提供有效担保的

B. 涉嫌走私或者违规,正在被海关立案调查的

C. 进出口侵犯知识产权货物,被海关依法给予行政处罚的

D. 海关分类管理类别按 AEO 认证标准被降为失信企业的

4. "集中申报清单"归并为同一份报关单的,各清单中的(　　)必须一致。

A. 进出境口岸、经营单位、境内收发货人

B. 贸易方式(监管方式)

C. 起运国(地区)、装货港、运抵国(地区)

D. 运输方式栏目以及适用的税率、汇率

5. 每份"集中申报清单"中载明的商品,必须在(　　)均一致的情况下才可以进行数量和总价的合并。

A. 商品编号和名称

B. 规格型号和计量单位

C. 原产国(地区)

D. 单价和币制

6. “转关”是指进出境货物经海关同意后从一个海关转运至另一个海关再办理海关相关监管手续,它有下列哪些形式?(　　)

A. 进口提前转关

B. 出口提前转关

C. 进出口直转转关

D. 进出口中转转关

7. 申请转关运输应符合的条件有(　　)。

A. 指运地和起运地设有海关机构

B. 转关的指运地和起运地应当设有经海关批准的监管场所

C. 承运转关运输货物的企业是经海关核准的运输企业

D. 承运人需按海关对转关路线范围和途中运输时间所做的限定,将货物运往指定的场所

8. 下列哪些货物不得申请转关运输?(　　)

A. 易制毒化学品

B. 监控化学品

C. 消耗臭氧层物质

D. 汽车类,包括成套散件和二类底盘

9. 进出境快件分为(　　)。

A. 文件类

B. 货物

C. 个人物品

D. 承运快件的运输工具

10. 进出境快件 KJ2 报关单适用于(　　)。

A. 文件类进出境快件

B. 关税税额在 50 元以下的货物

C. 海关规定准予免税的货样、广告品

D. 应予征税的货样、广告品

11. 提前报关的转关运输,报关单位在向进境地海关办理转关运输手续时,应向海关提交下列哪些单证?(　　)

A. 进口转关运输申报单编号

B. 进口转关运输货物核放单

C. 汽车登记簿或船舶监管簿

D. 提货单

12. 进口货物的中转转关运输方式是指报关单位在指运地海关办理进口报关手续后，由境内承运人或其代理人向进境地海关办理转关手续，在向进境地海关办理转关运输手续时，应向进境地海关提交下列哪些单证？（ ）

A. 进口转关货物申报单

B. 进口货物中转通知书

C. 按照指运地目的港分列的纸质舱单

D. 提单

13. 关于向海关办理转关运输手续的比较，下列选项正确的有（ ）。

A. 三种转关运输方式，由海关根据实际情况进行操作

B. 提前报关方式转关运输与直转转关方式转关运输的区别在于：前者必须在进口货物到达前向指运地海关申报或者出口货物运到起运地海关监管区以前向起运地海关申报，然后向进境地海关或者起运地海关办理转关手续，而后者直接向进境地海关或者起运地海关办理转关手续

C. 不同转关运输方式的货物报关征税时，均适用货物运抵指运地或出境地之日的税率和汇率

D. 中转方式转关运输与提前报关方式转关运输、直转方式转关运输的区别在于：中转转关运输必须换装境内运输工具并由境内运输工具负责人或其代理人向海关办理转关运输手续，而提前报关方式转关运输、直转方式转关运输无需换装运输工具并由收发货人或其代理人向海关报关

14. 对于跨关区进出境的出口加工区货物，海关一般按照转关运输中的（ ）办理转关。

A. 提前转关方式

B. 直转方式

C. 中转方式

D. 过境方式

15. 下列关于集中申报方式说法正确的有（ ）。

A. 图书、报纸、期刊类出版物等时效性较强的货物适用集中申报

B. 涉嫌走私或者违规，正在被海关立案调查的收发货人进出口货物不适用集中申报

C. 集中申报应提供符合海关要求的担保,担保有效期最短不得少于3个月

D. 应当对一个月内以集中申报清单申报的数据进行归并,填制进出口货物报关单,一般贸易货物在次月底之前到海关办理集中申报手续

三、判断题

1. 收货人在运输工具申报进境之日起14日后向海关申报进口的,不适用集中申报通关方式。( )

2. 提前报关转关方式是指进口货物在指运地先申报,再到进境地办理进口转关手续,出口货物在货物未运抵起运地监管场所前先申报,货物运抵监管场所后再办理出口转关手续的方式。( )

3. 转关货物和“属地申报,口岸验放”货物同样适用于集中申报。( )

4. 收发货人应当在其主管海关办理集中申报备案手续。( )

5. 收发货人需继续适用集中申报方式办理通关手续的,应当在原备案有效期届满5日前向原备案地海关书面申请延期。( )

6. 收发货人可以在备案有效期内主动申请终止适用集中申报通关方式。( )

7. 集中申报进口的货物,在清单申报进境时,属于许可证件管理的,收发货人可不提交相应的许可证件。( )

8. 收发货人应当自海关审结集中申报清单电子数据之日起10日内,持“集中申报清单”及随附单证到货物所在地海关办理交单验放手续。( )

9. 收发货人应当对一个月内以“集中申报清单”申报的数据进行归并,填制进出口货物报关单,一般贸易货物在次月10日之前,保税货物在次月底之前到海关办理集中申报手续。( )

10. 一般贸易货物集中申报手续可跨年度办理。( )

11. 对适用集中申报通关方式的货物,海关按照接受报关单申报之日实施的税率、汇率计征税费。( )

12. 对货物类快件中海关规定准予免税的货样、广告品,报关时应提交进出境快件KJ1报关单。( )

13. 进口货物直转转关方式是具有全程联运提单,需换装境内运输工具的进口中转货物由收货人或其代理人先向指运地海关申报进口,再批量向进境地海关办理转关手续,并将货物运抵指运地。( )

14. 转关运输货物在进境地及指运地应分别在载运进口货物运输工具申报进境之日起14日内和货物运抵指运地有关单位签收之日起14日内,向海关申报。

如在进境地产生滞报，由进境地海关征收滞报金；如在指运地产生滞报，则由指运地海关征收滞报金。（ ）

15. 进口直转货物在运输工具申报进境之日起 14 日内，应向进境地海关办理转关运输。（ ）

16. 从事转关运输货物的境内承运人，应向海关办理注册登记手续并承担有关责任。（ ）

17. 转关运输定义中的“进境地”和“出境地”是指办理货物报关纳税手续的海关所在地。（ ）

18. 转关运输中的“指运地”是指出口货物办理报关发运手续的地点。（ ）

19. 提前报关方式的转关运输，因为是进口货物在运抵指运地之前，报关单位先向指运地海关申报，所以不会产生滞报金问题。（ ）

20. 境内监管货物的转关运输，均按提前进口转关和进口直转的转关方式办理。（ ）

四、案例分析题(不定项选择)

1. 广州白云区三益电子(中日合资)高新技术企业从日本进口一批 IT 产品内销，经深圳口岸入境，该批货物在运抵深圳口岸之前，该企业就向广州海关录入进口报关单的电子数据，广州海关接受了申报并审核了报关单信息，审结后，广州海关将进口转关货物申报单电子数据传输至深圳海关。15 天后，该货物运到深圳海关监管现场，因电子数据超过了申报期限，该企业重新在深圳海关办理了转关手续并经陆路运至广州海关办理有关海关手续。货物进口后，该企业凭有关电子单证办理付汇核销手续。

请根据上述案例，回答下列问题：

(1)该批货物先在广州海关申报，然后从深圳经陆路运输到广州，这种转关方式是（ ）。

A. 提前转关方式

B. 直转方式

C. 中转方式

D. 直通方式

(2)该货物运至深圳海关监管现场，报关单电子数据超过了申报期限。该申报期限是指提前转关报关单电子数据自申报之日起（ ）内，收货人应向进境地海关办理转关手续。

A. 3 日　　B. 5 日　　C. 7 日　　D. 10 日

(3)该批货物申报转关时,应向海关提交(　　)。

A. 进口转关运输申报单

B. 进口付汇核销单

C. 进境汽车载货清单

D. 商业发票

(4)由于该企业在深圳海关重新办理了转关手续,下列判断正确的有(　　)。

A. 如果该货物在向广州海关办理了进口手续后 14 日内抵达深圳并转关,则不必重新办理转关手续

B. 如果该货物在向广州海关办理进口手续后 5 日内抵达深圳并转关,则不必重新办理转关手续

C. 该货物重新办理转关手续后,货物抵达广州后也需要重新办理进口报关手续

D. 该货物重新办理转关手续后,货物抵达广州后不需要重新办理进口报关手续

(5)该批货物的进口报关单"贸易方式"与"征免性质"两栏应分别填报为(　　)。

A. 合资合作设备;一般征税

B. 一般贸易;中外合资

C. 一般贸易;一般征税

D. 合资合作设备;中外合资

2. 山东济南骏达纸业公司(430123××××,属国家鼓励发展产业),在投资总额内从境外购买进口自用的一台价值为 20 000 美元的切纸机设备。装运该设备进境的运输工具于 2016 年 5 月 22 日申报进境。该企业于 6 月 5 日向青岛海关办理转关手续后,当天通过陆路运抵济南,该企业因故于 6 月 22 日才向济南海关办理进口报关手续,货物经海关查验后放行。

请根据上述案例,回答下列问题:

(1)根据案例所提供条件,判断该批设备以(　　)办理进口海关手续最为适宜。

A. 一般进口货物

B. 特定减免税货物

C. 保税货物

D. 暂准进口货物

(2)案例中的转关手续属于(　　)。

A. 直转转关

B. 中转转关

C. 提前报关转关

D. 直通转关

(3)有关滞报问题,下列选项正确的有(　　)。

A. 未发生滞报

B. 滞报 1 天

C. 滞报 2 天

D. 滞报 3 天

(4)如该企业已事先向青岛海关申报了进口货物征免税证明,那么该货物向青岛海关申报进口时,报关单“贸易方式”与“征免性质”栏应分别填报为(　　)。

A. 合资合作设备;中外合资

B. 合资合作设备;中外合作

C. 合资合作设备;鼓励项目

D. 外资设备物品;外资企业

(5)该设备进口后,(　　)。

A. 企业可以自行处置

B. 在规定的期限内接受海关监管

C. 在规定的期限内复运出境

D. 海关监管年限届满,可自由转售给其他企业

3. 河南保利华公司是经海关批准注册于新郑综合保税区内的一家企业。2016 年9 月该公司与德国一家企业签订了进料加工合同,进口料件于 2016 年 10 月 9 日由顺昌运输公司的“COSA VOY,V. 989”轮载运进口,该公司委托天津直通报关行于 2016 年 10 月 12 日向新郑综合保税区海关办理进口转关申报手续后,“东方”号轮船于 2016 年 10 月 15 日将料件运抵天津塘沽新港,并于 2016 年 10 月 17 日由塘沽新港转运至河南新郑综合保税区海关。

请根据上述案例,回答下列问题:

(1)本题中的货物转关手续属于(　　)。

A. 通运货物

B. 提前报关转关

C. 直转转关

D. 中转转关

(2)该批货物申报转关时,应向海关提交(　　)。

A. 进口转关运输申报单

B. 提货单

C. 进境汽车载货清单

D. 进口转关货物核放单

(3)该公司开展进料加工业务的进口料件和出口成品,海关给予批准设立 H+11 位的电子账册,该公司电子账册的核销周期是(　　)。

A. 3 个月　　B. 5 个月　　C. 1 年　　D. 180 日

(4)海关批准进口货物保税的原则有(　　)。

A. 合法经营

B. 加工成品复出或进境储存后复运出境

C. 可以监督

D. 纳税暂缓

(5)本题中,向新郑综合保税区海关递交的进口货物报关单"运输工具名称"栏应填报为(　　)。

A. COSA V. 989

B. "东方"号

C. COSA

D. @+16 位转关申报单预录入号

4. 安徽海法集装箱制造股份有限公司(中外合资经营企业)向美国 TRE 公司出口 20′集装箱 20 个(集装箱税则号为 8609001000,海关监管条件为 B)。经海关批准,该批集装箱运抵起运地海关监管现场前,先向该海关录入出口货物报关单电子数据;集装箱运至海关监管现场后办妥出口手续并转关至上海外高桥保税区海关装运出境。上述集装箱出口后,其中 2 个因质量差被美国 TRE 公司拒收而退运复进口。

请根据上述案例,回答下列各题:

(1)该批集装箱出口申报应符合下列哪些海关规定?(　　)

A. 若采用"有纸通关模式"的话,应以电子数据报关单向海关申报,由海关审结;待集装箱运至海关监管现场后,再向海关提交纸质报关单证

B. 应同时以电子数据报关单和纸质报关单证向海关申报,由海关审结;待集装箱运至海关监管现场后转关

C. 应先向海关提交纸质报关单,由海关预审,待集装箱运至海关监管现场后,再以电子数据报关单向海关正式申报

D. 由发货人或其代理人选择使用电子数据报关单或纸质报关单向海关申报,待集装箱运至海关监管现场后转关

(2)该批货物从起运地运至上海外高桥保税区,在上海外高桥保税区海关监管下装运出境,其出口转关运输采用的是( )。

A. 直转方式

B. 提前报关方式

C. 中转方式

D. 直通方式

(3)该批货物申报时,除出口货物报关单以外还应向海关提交下列哪些随附单证?( )

A. 出境货物通关单

B. 出口货物许可证

C. 原产地证明

D. 商业发票

(4)该批出口货物报关单"贸易方式"与"征免性质"两栏应分别填报为( )。

A. 一般贸易;一般征税

B. 合资合作设备;中外合资

C. 一般贸易;中外合资

D. 合资合作设备;一般征税

(5)关于退运进口集装箱,下列哪些表述符合海关规定?( )

A. 向进境地海关申报

B. 须向海关提供担保

C. 提供原集装箱出口报关单、外汇核销、税务局未出口退税等单证

D. 1 年内原状退运进口,经海关核实不予征税

五、案例实训

1. 昆明惠达外资企业专营玻璃加工生产,该公司于 2015 年 10 月与香港某公司签约购买平板玻璃深加工设备一套,该设备属于国家鼓励类进口项目。设备于 2016 年 4 月 3 日由华阳运输公司的"HUANGHAIVOY. 431"轮载运进口,该外资企业委托上海新阳报关公司于 2016 年 4 月 4 日向上海洋山港海关办理转关申请手续,后于 2016 年 4 月 8 日经铁路将该设备运抵昆明,并于 2016 年 4 月 16 日向昆明海关办理进口报关手续,货物经海关查验后放行。

(1)确定该套进口设备应采用的转关方式。

(2)确定上海新阳报关公司办理这套进口设备的进口转关和进口申报手续的具体时间,如果产生滞报情况,请计算企业应缴纳多少天的滞报金。

(3)确定该套进口设备的性质。

(4)在办理设备进口申报前,请为昆明惠达外资企业安排办理手续的时间、具体步骤,确定应先行取得的证书,说明如果进口申报时未向进口海关提交该证书,将可能出现的后果。

(5)作为上海新阳报关公司的报关人员,为了让该货物顺利通关,请设计报关流程。

2. 东莞万利达鞋厂使用来料加工生产的一批童鞋,在东莞太平海关办妥出口报关手续及出口转关运输手续,于 2015 年 10 月 12 日在深圳盐田港(大鹏海关)装船。该批童鞋为电子手册上出口成品的第三项,品名规格为 PU 面童鞋/8.5—4#,单价为 USD2.2。合同协议号为 2004(0237)号,外商公司为香港协新贸易公司。

如果你是万利达鞋厂的报关人员,为了让该货物顺利通关,请设计该票货物的清关方案。

3. 长春明亮公司与俄罗斯公司签署协议，进口光学玻璃材料。进口该产品是为了完成国家的863科技项目，所以可以享受减免税的优惠，货物从俄罗斯莫斯科直接空运至北京，再由铁路运至长春。

如果你是长春明亮公司的报关代理，请回答下列问题：

(1)如何申请办理征免税证明？

(2)如何办理转关运输？

(3)如何办理正式报关，提取货物手续？

(4)如何办理后续处置手续？

4. 北京华联贸易有限公司(110291××××)代理岳阳喜之鸟纺织有限公司(430296××××)进口未梳棉花(法定检验检疫商品，法定计量单位：千克)。货物系合同卖方香港某公司在2016年4月于棉花原产国采购后运输进境并存放于某公用型保税仓库。2016年8月，华联公司与香港公司签订合同后，自上述保税仓库提取合同约定数量棉花出库并办理进口报关手续，申报时华联公司向海关提交编号为163020080505007的“关税配额外优惠税率进口棉花配额证”(监管证件代码为e)。海关放行后，华联公司安排将货物运至境内目的地岳阳，交由喜之鸟纺织有限公司用于生产内销成品。

如果你是北京华联贸易公司的关务人员，为顺利从保税仓库提取货物，请设计清关方案。

知识拓展

"属地申报,口岸验放"通关模式与转关的区别

通关模式	优　点	缺　点
属地申报,口岸验放	1.自行运输 2.非海关监管运输工具 3.顺应企业物流需求 4.业务流程更加简化	对两地海关及货代衔接要求高
转　关	1.转关方式多样 2.支持各种运输方式 3.业务成熟 4.企业类别无限制	1.多一道转关手续 2.海关监管运输工具 3.对转关货物要求可施加海关封志 4.涉及多次转关的办理二次转关手续

章节附录学习资料

中华人民共和国海关加工贸易货物监管办法

(海关总署令第 219 号)

第一章　总则

第一条　为了促进加工贸易健康发展,规范海关对加工贸易货物管理,根据《中华人民共和国海关法》(以下简称《海关法》)以及其他有关法律、行政法规,制定本办法。

第二条　本办法适用于办理加工贸易货物手册设立、进出口报关、加工、监管、核销手续。

加工贸易经营企业、加工企业、承揽者应当按照本办法规定接受海关监管。

第三条　本办法所称"加工贸易"是指经营企业进口全部或者部分原辅材料、零部件、元器件、包装物料(以下统称料件),经过加工或者装配后,将制成品复出口的经营活动,包括来料加工和进料加工。

第四条　除国家另有规定外，加工贸易进口料件属于国家对进口有限制性规定的，经营企业免于向海关提交进口许可证件。

加工贸易出口制成品属于国家对出口有限制性规定的，经营企业应当向海关提交出口许可证件。

第五条　加工贸易项下进口料件实行保税监管的，加工成品出口后，海关根据核定的实际加工复出口的数量予以核销。

加工贸易项下进口料件按照规定在进口时先行征收税款的，加工成品出口后，海关根据核定的实际加工复出口的数量退还已征收的税款。

加工贸易项下的出口产品属于应当征收出口关税的，海关按照有关规定征收出口关税。

第六条　海关按照国家规定对加工贸易货物实行担保制度。

未经海关批准，加工贸易货物不得抵押。

第七条　海关对加工贸易实行分类监管，具体管理办法由海关总署另行制定。

第八条　海关可以对加工贸易企业进行核查，企业应当予以配合。

海关核查不得影响企业的正常经营活动。

第九条　加工贸易货物的手册设立、进出口报关、核销，应当采用纸质单证、电子数据的形式。

第十条　加工贸易企业应当根据《中华人民共和国会计法》以及海关有关规定，设置符合海关监管要求的账簿、报表以及其他有关单证，记录与本企业加工贸易货物有关的进口、存储、转让、转移、销售、加工、使用、损耗和出口等情况，凭合法、有效凭证记账并且进行核算。

加工贸易企业应当将加工贸易货物与非加工贸易货物分开管理。加工贸易货物应当存放在经海关备案的场所，实行专料专放。企业变更加工贸易货物存放场所的，应当经海关批准。

第二章　加工贸易货物手册设立

第十一条　经营企业应当向加工企业所在地主管海关办理加工贸易货物的手册设立手续。

经营企业与加工企业不在同一直属海关管辖的区域范围的，应当按照海关对异地加工贸易的管理规定办理手册设立手续。

第十二条　除另有规定外，经营企业办理加工贸易货物的手册设立，应当向海关如实申报贸易方式、单耗、进出口口岸，以及进口料件和出口成品的商品名称、商品编号、规格型号、价格和原产地等情况，并且提交下列单证：

(一)主管部门签发的同意开展加工贸易业务的有效批准文件;

(二)经营企业自身有加工能力的,应当提交主管部门签发的《加工贸易加工企业生产能力证明》;

(三)经营企业委托加工的,应当提交经营企业与加工企业签订的委托加工合同、主管部门签发的加工企业加工贸易加工企业生产能力证明;

(四)经营企业对外签订的合同;

(五)海关认为需要提交的其他证明文件和材料。

第十三条 经营企业按照本办法第十一条、第十二条规定,提交齐全、有效的单证材料,申报设立手册的,海关应当自接受企业手册设立申报之日起5个工作日内完成加工贸易手册设立手续。

需要办理担保手续的,经营企业按照规定提供担保后,海关办理手册设立手续。

第十四条 有下列情形之一的,海关应当在经营企业提供相当于应缴税款金额的保证金或者银行、非银行金融机构保函后办理手册设立手续:

(一)涉嫌走私,已经被海关立案侦查,案件尚未审结的;

(二)由于管理混乱被海关要求整改,在整改期内的。

第十五条 有下列情形之一的,海关可以要求经营企业在办理手册设立手续时提供相当于应缴税款金额的保证金或者银行、非银行金融机构保函:

(一)租赁厂房或者设备的;

(二)首次开展加工贸易业务的;

(三)加工贸易手册延期两次(含两次)以上的;

(四)办理异地加工贸易手续的;

(五)涉嫌违规,已经被海关立案调查,案件尚未审结的。

第十六条 加工贸易企业有下列情形之一的,不得办理手册设立手续:

(一)进口料件或者出口成品属于国家禁止进出口的;

(二)加工产品属于国家禁止在我国境内加工生产的;

(三)进口料件不宜实行保税监管的;

(四)经营企业或者加工企业属于国家规定不允许开展加工贸易的;

(五)经营企业未在规定期限内向海关报核已到期的加工贸易手册,又重新申报设立手册的。

第十七条 经营企业办理加工贸易货物的手册设立,申报内容、提交单证与事实不符的,海关应当按照下列规定处理:

(一)货物尚未进口的,海关注销其手册;

(二)货物已进口的,责令企业将货物退运出境。

本条第一款第(二)项规定情形下,经营企业可以向海关申请提供相当于应缴税款金额的保证金或者银行、非银行金融机构保函,并且继续履行合同。

第十八条　已经办理加工贸易货物的手册设立手续的经营企业可以向海关领取加工贸易手册分册、续册。

第十九条　加工贸易货物手册设立内容发生变更的,经营企业应当在加工贸易手册有效期内办理变更手续。

需要报原审批机关批准的,还应当报原审批机关批准,另有规定的除外。

第三章　加工贸易货物进出口、加工

第二十条　经营企业进口加工贸易货物,可以从境外或者海关特殊监管区域、保税监管场所进口,也可以通过深加工结转方式转入。

经营企业出口加工贸易货物,可以向境外或者海关特殊监管区域、保税监管场所出口,也可以通过深加工结转方式转出。

第二十一条　经营企业应当凭加工贸易手册、加工贸易进出口货物专用报关单等有关单证办理加工贸易货物进出口报关手续。

第二十二条　经营企业以加工贸易方式进出口的货物,列入海关统计。

第二十三条　加工贸易企业开展深加工结转的,转入企业、转出企业应当向各自的主管海关申报,办理实际收发货以及报关手续。具体管理规定由海关总署另行制定并公布。

有下列情形之一的,加工贸易企业不得办理深加工结转手续:

(一)不符合海关监管要求,被海关责令限期整改,在整改期内的;

(二)有逾期未报核手册的;

(三)由于涉嫌走私已经被海关立案调查,尚未结案的。

加工贸易企业未按照海关规定进行收发货的,不得再次办理深加工结转手续。

第二十四条　经营企业开展外发加工业务,应当按照外发加工的相关管理规定自外发之日起3个工作日内向海关办理备案手续。

经营企业开展外发加工业务,不得将加工贸易货物转卖给承揽者;承揽者不得将加工贸易货物再次外发。

经营企业将全部工序外发加工的,应当在办理备案手续的同时向海关提供相当于外发加工货物应缴税款金额的保证金或者银行、非银行金融机构保函。

第二十五条　外发加工的成品、剩余料件以及生产过程中产生的边角料、残次品、副产品等加工贸易货物,经营企业向所在地主管海关办理相关手续后,可以不运回本企业。

第二十六条 海关对加工贸易货物实施监管的,经营企业和承揽者应当予以配合。

第二十七条 加工贸易货物应当专料专用。

经海关核准,经营企业可以在保税料件之间、保税料件与非保税料件之间进行串换,但是被串换的料件应当属于同一企业,并且应当遵循同品种、同规格、同数量、不牟利的原则。

来料加工保税进口料件不得串换。

第二十八条 由于加工工艺需要使用非保税料件的,经营企业应当事先向海关如实申报使用非保税料件的比例、品种、规格、型号、数量。

经营企业按照本条第一款规定向海关申报的,海关核销时应当在出口成品总耗用量中予以核扣。

第二十九条 经营企业进口料件由于质量存在瑕疵、规格型号与合同不符等原因,需要返还原供货商进行退换,以及由于加工贸易出口产品售后服务需要而出口未加工保税料件的,可以直接向口岸海关办理报关手续。

已经加工的保税进口料件不得进行退换。

第四章 加工贸易货物核销

第三十条 经营企业应当在规定的期限内将进口料件加工复出口,并且自加工贸易手册项下最后一批成品出口或者加工贸易手册到期之日起30日内向海关报核。

经营企业对外签订的合同提前终止的,应当自合同终止之日起30日内向海关报核。

第三十一条 经营企业报核时应当向海关如实申报进口料件、出口成品、边角料、剩余料件、残次品、副产品以及单耗等情况,并且按照规定提交相关单证。

经营企业按照本条第一款规定向海关报核,单证齐全、有效的,海关应当受理报核。

第三十二条 海关核销可以采取纸质单证核销、电子数据核销的方式,必要时可以下厂核查,企业应当予以配合。

海关应当自受理报核之日起30日内予以核销。特殊情况需要延长的,经直属海关关长或者其授权的隶属海关关长批准可以延长30日。

第三十三条 加工贸易保税进口料件或者成品因故转为内销的,海关凭主管部门准予内销的有效批准文件，对保税进口料件依法征收税款并且加征缓税利息，另有规定的除外。

进口料件属于国家对进口有限制性规定的，经营企业还应当向海关提交进口许可证件。

第三十四条　经营企业因故将加工贸易进口料件退运出境的，海关凭有关退运单证核销。

第三十五条　经营企业在生产过程中产生的边角料、剩余料件、残次品、副产品和受灾保税货物，按照海关对加工贸易边角料、剩余料件、残次品、副产品和受灾保税货物的管理规定办理，海关凭有关单证核销。

第三十六条　经营企业遗失加工贸易手册的，应当及时向海关报告。

海关按照有关规定处理后对遗失的加工贸易手册予以核销。

第三十七条　对经核销结案的加工贸易手册，海关向经营企业签发《核销结案通知书》。

第三十八条　经营企业已经办理担保的，海关在核销结案后按照规定解除担保。

第三十九条　加工贸易货物的手册设立和核销单证自加工贸易手册核销结案之日起留存3年。

第四十条　加工贸易企业出现分立、合并、破产、解散或者其他停止正常生产经营活动情形的，应当及时向海关报告，并且办结海关手续。

加工贸易货物被人民法院或者有关行政执法部门封存的，加工贸易企业应当自加工贸易货物被封存之日起5个工作日内向海关报告。

第五章　附　则

第四十一条　违反本办法，构成走私行为、违反海关监管规定行为或者其他违反《海关法》行为的，由海关依照《海关法》和《中华人民共和国海关行政处罚实施条例》的有关规定予以处理；构成犯罪的，依法追究刑事责任。

第四十二条　本办法中下列用语的含义：

来料加工，是指进口料件由境外企业提供，经营企业不需要付汇进口，按照境外企业的要求进行加工或者装配，只收取加工费，制成品由境外企业销售的经营活动。

进料加工，是指进口料件由经营企业付汇进口，制成品由经营企业外销出口的经营活动。

加工贸易货物，是指加工贸易项下的进口料件、加工成品以及加工过程中产生的边角料、残次品、副产品等。

加工贸易企业,包括经海关注册登记的经营企业和加工企业。

经营企业,是指负责对外签订加工贸易进出口合同的各类进出口企业和外商投资企业,以及经批准获得来料加工经营许可的对外加工装配服务公司。

加工企业,是指接受经营企业委托,负责对进口料件进行加工或者装配,并且具有法人资格的生产企业,以及由经营企业设立的虽不具有法人资格,但是实行相对独立核算并已经办理工商营业证(执照)的工厂。

单位耗料量(简称单耗),是指加工贸易企业在正常生产条件下加工生产单位出口成品所耗用的进口料件的数量。

深加工结转,是指加工贸易企业将保税进口料件加工的产品转至另一加工贸易企业进一步加工后复出口的经营活动。

承揽者,是指与经营企业签订加工合同,承接经营企业委托的外发加工业务的企业或者个人。

外发加工,是指经营企业委托承揽者对加工贸易货物进行加工,在规定期限内将加工后的产品最终复出口的行为。

核销,是指加工贸易经营企业加工复出口或者办理内销等海关手续后,凭规定单证向海关报核,海关按照规定进行核查以后办理解除监管手续的行为。

第四十三条 保税工厂开展加工贸易业务,按照海关对加工贸易保税工厂的管理规定办理。

第四十四条 进料加工保税集团开展加工贸易业务,按照海关对进料加工保税集团的管理规定办理。

第四十五条 实施联网监管的加工贸易企业开展加工贸易业务,按照海关对加工贸易企业实施计算机联网监管的管理规定办理。

第四十六条 加工贸易企业在海关特殊监管区域内开展加工贸易业务,按照海关对海关特殊监管区域的相关管理规定办理。

第四十七条 单耗的申报与核定,按照海关对加工贸易单耗的管理规定办理。

第四十八条 海关对加工贸易货物进口时先征收税款出口后予以退税的管理规定另行制定。

第四十九条 本办法由海关总署负责解释。

第五十条 本办法自公布之日起施行。2004 年 2 月 26 日以海关总署令第 113 号发布,并经海关总署令第 168 号、第 195 号修正的《中华人民共和国海关对加工贸易货物监管办法》同时废止。

第五章　国际贸易进出境货物报关单填制规范(一)

实训目的

1. 熟悉国际贸易进出境货物常见报关单各栏目填制的对应关系；

2. 熟悉报关单各栏目的填制要求，明确分单填制的具体情况。

技能达成

1. 掌握常见报关单各栏目填制的逻辑对应关系；

2. 能根据进出口商业、货运单据及其他特殊单证，独立正确地完成一般进出口、区外保税加工及特定减免税货物的报关单填制。

一、单项选择

1. 山西太原优利高电子有限公司为鼓励项目外商独资企业，从日本进口一批投资总额内设备。该公司委托A外贸公司对外签订进口合同，并代办进口手续。A外贸公司向日本订货后，委托B公司办理货物运输，委托C报关公司办理进口报关手续。进口报关单“经营单位”应填报为(　　)。

A. A外贸公司

B. B公司

C. C公司

D. 太原优利高电子有限公司

2. 江西南昌某中外合资企业，为区外一般认证企业，该公司向海关申请设立电子化手册后购进生产原料一批，其中30%加工产品内销，50%加工产品直接返销境外，20%加工产品结转给另一关区其他加工贸易企业继续加工后返销境外。

该企业应按以下列哪种方式办理进口申报手续?(　　)

A. 进料对口

B. 其中30%按一般贸易申报;70%按进料对口申报

C. 30%按一般贸易申报;50%按进料对口申报;20%按进料深加工申报

D. 50%按一般贸易申报;50%按进料对口申报

3. 厦门某家具有限公司(440193××××)持C5106600019号加工贸易手册向海关申报进口一批木材,加工成家具出口到东南亚国家。其“贸易方式”应填报为(　　)。

A. 进料加工

B. 来料加工

C. 一般贸易

D. 进料对口

4. 上海复旦大学委托上海欣海报关公司,代为申报进口美国政府赠送的教学设备一批。其“收货单位”应填报为(　　)。

A. 复旦大学

B. 复旦大学+海关临时注册编码

C. 上海欣海报关公司

D. 上海欣海报关公司+编码

5. 贵州遵义某公司在重庆两路寸滩水港(0810)申报海运出口德国摩托车一批,由天津新港(0202)装船出境。其“出口口岸”应填报为(　　)。

A. 重庆海关

B. 重庆两路寸滩水港0810

C. 天津新港海关0202

D. 重庆两路寸滩水港海关

6. 北京新华国际贸易有限公司于2016年4月20日向北京海关驻朝阳区办事处申报出口韩国货物一批,该船于4月22日离开天津新港。其“出口日期”应填报为(　　)。

A. 20160422

B. 2016年4月20日

C. 20160420

D. 不填

7. 山东风顺科技有限公司海运进口设备一批,该船于2016年1月7日向青岛海关申报进境,次日该公司委托青岛天洋报关行代理进口报关,当日海关接受申报。其进口日期应填报为(　　)。

A. 2016年1月7日

B. 20160107

C. 20160108

D. 空白不填

8. 北京三枪纺织品有限公司将加工贸易产品，从北京海关车站办事处(0111)结转给天津武清某服装厂继续深加工出口。结转进口报关单“进口口岸”栏应填报为(　　)。

A. 天津海关

B. 北京海关车站办事处0110

C. 北京海关

D. 武清海关0210

9. 陕西宝鸡竭力电子有限公司(来料加工企业)，将其公司生产的显示器经海关批准结转给乐山康宝电脑有限公司深加工笔记本电脑成品出口奥地利，康宝公司进口报关单“进口口岸”栏应填报为(　　)。

A. 不填

B. 宝鸡海关9003

C. 乐山海关7903

D. 成都海关7901

10. 石家庄东方红纺织品进出口公司经营进料加工进口面料一批，“加工贸易手册”上备案的进口口岸为大连，实际进口口岸为天津新港，其“进口口岸”应填报为(　　)。

A. 大连海关

B. 天津新港海关

C. 石家庄海关

D. 天津海关

11. 重庆金鑫汽贸有限公司从德国经渝新欧陆运进口宝马汽车一批，在阿拉山口海关报关后，火车经过乌鲁木齐、兰州运至重庆。其“进口口岸”应填报为(　　)。

A. 兰州海关

B. 乌鲁木齐海关

C. 重庆海关

D. 阿拉山口海关

12. 上海老凤祥首饰公司空运进口宝石毛坯450克，包装箱重300克。其“毛重”应填报为(　　)。

A. 800　　　B. 0.8　　　C. 0.3　　　D. 1

13. 南宁全友家具公司从柬埔寨购进一批木材，一次到货，提单号为 PASU5120903620，分属两个合同项下货物，清单简列如下：合同号 NO:201300090(一般贸易合同)、花梨木板 160 mm×1 500 mm×2 000 mm；合同号 NO:201400001(加工贸易合同，只收取加工费)(1)胶合板，5 mm×1 000 mm×2 000 mm；(2)地板条，18 mm×120 mm×1 000 mm；(3)铁木条，200 mm×1 888 mm×2 500 mm。该公司在向海关一次性申报进口时，应填报(　　)报关单。

A. 1份　　B. 2份　　C. 4份　　D. 5份

14. 青岛博望外贸有限公司从日本进口一批货物，货物由横滨起运，途径韩国釜山转船，最终运抵后向青岛大港海关(关区代码 4227)，其"进口口岸"应填报为(　　)。

A. 釜山海关

B. 青岛海关

C. 青岛大港海关 4227

D. 青岛大港海关

15. 山东烟台渤海仪器设备有限公司(440251××××)委托青岛海运进出口公司(210291××××)从日本订购一批蒸汽喷雾仪。其"收货单位"应填报为(　　)。

A. 烟台渤海仪器设备公司

B. 大连海运进出口公司

C. 烟台渤海仪器设备公司 440251××××

D. 大连海运进出口公司 210291××××

16. 下列哪个经营单位是外商独资企业？(　　)

A. 福建武夷山茶有限公司 530751××××

B. 山东德州扒鸡进出口公司 371433××××

C. 吉林长雾松仪器设备公司 220122××××

D. 江苏海德合资装配有限公司 320294××××

17. 四川乐山大佛科技有限公司空运进口仪器一批，经上海浦东国际机场转运至成都机场后，在乐山海关报关，其"进口口岸"应填报为(　　)。

A. 上海浦东国际机场海关

B. 乐山海关

C. 成都机场海关办事处

D. 成都海关

18. 辽宁抚顺锅炉厂(21049B××××)该企业海关编码第6位代表的企业类型为( )。

A. 国营对外加工企业(无进出口经营权)

B. 有进出口经营权的国有企业

C. 集体对外加工企业(无进出口经营权)

D. 中外合作企业

19. 吉林长雾松公司进口一批三文鱼,从挪威用飞机运至大连周水子机场,采用一体化通关模式,该企业选择在属地延边海关申报进口,大连周水子机场口岸海关验放的形式清关。在向延边海关申报时,其"运输方式"应填报为( )。

A. 2 B. 3 C. 4 D. 5

20. 贵阳大路外贸公司从澳大利亚进口一批货物由达尔文港运至中国香港,再从中国香港用汽车运到深圳,然后改用火车运抵贵阳。在填制进口货物报关单时,其"运输方式"应填报为( )。

A. 水路运输

B. 公路运输

C. 铁路运输

D. 海洋运输

21. 河南土畜进出口公司采购板栗一批出口,委托郑州大发贸易公司签订出口贸易合同,并办理出口业务,委托浦江报关公司办理出口报关手续。其"发货单位"应填报为( )。

A. 河南土畜进出口公司

B. 郑州大发贸易公司

C. 浦江报关公司

D. 不填

22. 某加工区的A企业将已加工后的羊毛条,公路运输结转给区内的B企业继续加工出口。其"运输方式"应填报为( )。

A. 公路运输

B. 汽车运输

C. 不填

D. 其他运输

23. 北京亦庄开发区某企业向首都国际机场海关申报空运进口设备一批。总运单号为CAR354690,分运单号为CA897345。其"提运单号"应填报为( )。

A. CAR354690

B. CA897345

C. CAR354690 - CA897345

D. CAR354690 * CA897345

24. 昆山中集有限公司(232593××××)出口自产集装箱。该批出口货物报关单“贸易方式”与“征免性质”栏应分别填报为(　　)。

A. 一般贸易;一般征税

B. 合资合作设备;中外合资

C. 一般贸易;中外合资

D. 合资合作设备;一般征税

25. 威海某公司从法国进口红酒一批,该货物由中外运 COCSO 号轮 HV231N 航次承运,并于 2016 年 7 月 21 日向海关申报进境,其“运输工具名称”应填报为(　　)。

A. COCSO

B. COCSO/13、07、21

C. COCSO/HV231N

D. HV231N

26. 在加工贸易合同项下由外商免费的方式向经营单位提供进口的加工生产所需设备,其“贸易方式”应填报为(　　)。

A. 不作价设备

B. 加工贸易设备

C. 外资设备物品

D. 一般贸易

27. 江苏盐城滨海信息科技有限公司与韩国嘉禾公司签订一出口合同,货从连云港装船运往韩国釜山港,然后海运至美国,在签合同时我国公司得知该批货到美国后还要运往加拿大。根据上述情况,填写报关单时,下列(　　)填写正确。

A. “运抵国(地区)”为美国;“最终目的国(地区)”为加拿大

B. “运抵国(地区)”为韩国;“最终目的国(地区)”为加拿大

C. “运抵国(地区)”为加拿大;“最终目的国(地区)”为加拿大

D. “运抵国(地区)”为中国香港;“最终目的国(地区)”为美国

28. 武汉克星数码公司从美国购进一批苹果笔记本电脑,其中显示屏为韩国生产,集成电路板由新加坡生产,其他零件均为马来西亚生产,最后由新加坡组装成整机。该公司向海关申报进口该批苹果笔记本电脑时,其“原产地”应填报为(　　)。

A. 日本　　B. 韩国　　C. 马来西亚　　D. 新加坡

29. 山西移动公司海运进口光缆5 000盘,计1 500 000米,提单显示为:50个托盘,装入2个20英尺集装箱。其“件数”应填报为(　　)。

A. 5 000　　B. 1 500 000　　C. 50　　D. 2

30. 秦皇岛太阳能电子有限公司从荷兰进口设备一批,该票货物在荷兰阿姆斯特丹港装船后经新加坡、中国香港换船后运抵天津新港,其“装货港”应填报为(　　)。

A. 阿姆斯特丹

B. 新加坡

C. 香港

D. 新港

二、判断题

1. 报关单“运费”栏填报为:502/5/2。表示该批货物的运费率为5%,按美元计价。(　　)

2. 威海渔业公司申报进口自备捕捞船在公海上采购的韩国渔船捕捞的黄鱼一批。其“原产国”应填报为韩国。(　　)

3. 浙江义乌某服装加工企业,将原进料加工剩余保税料件销售给无锡某企业。该料件内销进口报关单“用途”栏应填报为其他内销。(　　)

4. 河南新郑综合保税区内某化工企业以进料加工贸易方式进口PPA100吨,经海运抵达天津新港,该公司进口报关单“备案号”栏应填报为加工贸易H电子账册的编号。(　　)

5. 四川省都江堰市残联接受日本政府赠送的残疾人轮椅一批,由成都海鑫报关公司代为申报进口。“经营单位”应填报四川省都江堰市残联+海关临时注册十位代码。(　　)

6. 汕头远洋机械进出口公司委托广州报关公司代为申报进口设备一批。其进口货物报关单上的“申报单位”栏应填报为汕头远洋机械进出口公司。(　　)

7. 宁夏西部进出口公司于2016年6月14日由韩国空运进口货物一批,载运该货物的航班为KE354,总运单为KE6720987866,其“运输工具名称”应填报为KE354。(　　)

8. 沈阳远东国际贸易公司以铁路运输方式从俄罗斯进口货物一批,铁路运单号T17037728,并委托东方报关行向满洲里海关申请直接转关到沈阳。进口报关单“运输工具”栏应填报为T17037728。(　　)

9. 安徽黄山某加工企业进口一批服装面料，用于进料对口加工合同项目。进口申报时，报关单“征税比例”栏应填报为全免。(　　)

10. 昆山出口加工区(2335)某加工企业的货物，经海关批准结转给南通出口加工区(2333)某加工企业。昆山出口加工区企业的出口报关单“出口口岸”栏应填报为南通出口加工区海关(2333)。(　　)

11. 东莞亚利波服装有限公司铁路运输出口至德国服装一批，在广州笋岗装车后，经广西、甘肃、新疆霍尔果斯口岸出境。“出口口岸”填报为笋岗海关 5307。(　　)

12. 河南郑州中原国际贸易公司进口一批原产于中国香港的工艺品，该货物属于中国香港 CPA 项下原产地证书编号为 Y4HK07027810 的第五项商品。进口申报时，报关单的备案号栏空白不填。(　　)

13. 福建福清市某经营单位以一般贸易方式申报进口一批货物，其原产于秘鲁并享受协议税率，则 Y＋11 位原产地证书编号应填在随附单据栏。(　　)

14. 重庆长安福特合资企业在投资总额内进口鼓励项目一批汽车生产设备。该公司委托重庆机电进出口贸易公司代理进口。进口报关单“经营单位”栏应填报为重庆机电进出口公司。(　　)

15. 杭州坤凌豪车进出口公司委托中国香港黄埔国际贸易公司代理进口汽车，报关单“经营单位”栏应填报为中国香港大海汽车公司。(　　)

16. 进出口报关单缮制时，对于无实际进出境的货物，提运单号免于填报。(　　)

17. 哈尔滨医疗器械贸易公司，以一般贸易方式海运进口医用 X 光机零件一批，申领了中华人民共和国自动进口许可证，编号：1100203310345，其“许可证号”应填报为空。(　　)

18. 绍兴江陵织造公司为海关 AEO 一般认证的进料加工企业，将原从澳大利亚进口的羊毛加工成毛线后，结转给长沙某加工企业深加工。长沙企业进口报关单“起运国(地区)”栏应填报为中国。(　　)

19. 欧罗巴公司进口一批总重量为 50 000 千克的面粉，该面粉的外包装为纸袋，可单据上并没有标明扣除纸袋的净重。在这种情况下可以将毛重作为净重来申报。(　　)

20. 河南中粮油进出口公司海运进口散装小麦 10 万吨。其“件数”应填报为 1。(　　)

21. 兰州化工进出口公司出口塑料桶装化工原料，为运输安全，每 4 桶装入一个木质包装箱。其“包装种类”应填报为塑料桶 。(　　)

22. 厦门机械进出口公司代上海某合资企业在投资总额内进口该企业自用投资设备一套。其“备注”应填报为委托上海机械进出口公司进口。(　　)

23. 一票货物对应多个提运单，在填报报关单“提运单号”栏时，应录入多个提运单号。(　　)

24. 南京东方旅游有限公司在从韩国2014年进口，享受国家减免税政策的“东方之珠”游轮使用两年后，将该船结转给同样享受减免税政策的重庆万州天地轮船公司。转入方万州天地轮船公司进口报关单上“装货港”栏应填报为南京。(　　)

25. 贵州遵义富士康公司与中国香港南阳贸易公司签订合同，出口1 000台笔记本电脑，在遵义用火车直接运抵中国香港装船后运往新加坡。签订合同时，富士康公司得知南阳公司还要将该批货物从马来西亚运往印度尼西亚。根据上述情况，出口货物报关单上“运抵国”栏填报为香港，“最终目的国”栏填报为印度尼西亚。(　　)

26. 进出口货物报关单上的“杂费”栏不可填报为负数。(　　)

27. 大连某企业海运进口叉车一批，成交价格为FOB大连港50万USD。其“成交方式”应填报为3。(　　)

28. 内蒙古鄂尔多斯某服装加工贸易企业进口来料加工面料一批，报关时向海关提供的加工贸易手册上备案的征免方式为“保金”。其进口货物报关单上的“征免”栏应填报为保证金。(　　)

29. 加工贸易余料结转货物，进口货物报关单中的“原产国(地区)”栏填报为中国。(　　)

30. 进出口报关单中的“收货单位”“发货单位”栏，如企业没有在海关注册登记，可以填报为企业中文名称＋组织机构代码。(　　)

三、报关单填制选择题

根据所提供的单据，按照报关单填制规范的要求，选出下列报关单填制中最合适的答案。

实训一

资料1　宏永科技(大连)有限公司(210294××××)在投资总额外使用自有资金进口全伺服绑扎机一套，货物由大连金海国际贸易公司(210291××××)代理进口。宏永公司委托大连中达报关公司办理进口报关手续，运输工具申报进境的日期为2016年3月28日，该报关公司向海关申报的日期为2016年4月12日，QP系统显示退单；保险费率3‰，法定计量单位：台。

资料 2　　进出口货物征免税证明

编号：Z09011A77669

申请单位	宏永科技（大连）有限公司	征免性质/代码	鼓励项目/789	审批依据	
发证日期	2016年3月11日	有效期	2016年3月11日至2016年9月11日		
到货口岸	大连	合同号	WE1264ZY5467		

序号	商品名称	规格型号	商品编码	数量	单位	金额	币制	海关减免税审批意见		
								关税	增值税	其他
1	全伺服绑扎机	LAW-2TS	84224000	1	套	13 600 000	JPY	0	17%	
备注										

审批海关签章	核放海关签章	注意事项：
2016年 03月 10日	2016年 03月 10日	1. 本表使用一次有效。如同一合同货物分口岸进口的，应分别填写，一份合同内货物分期到货的，应向审批海关申明，并按到货期分填此表。 2. 此表中“项目名称”栏应按减免税项目填写，如技术改造、世行贷款等。 3. 货物进口时应向海关交验本表，复印件无效。 4. 自签发之日起半年内有效，逾期应向原审批海关申请展期或退单。 5. 经批准进口的货物，如拟移作他用、转让或出售，原申请免税单位应事先报请原批准海关核准，并应按法律补税；否则，海关将依法处理。

资料 3

COMMERCIAL INVOICE

For Account of		Invoice No.	Date
Dalian Jinhai International Trade Co., Ltd. No.256. Binhai Street Da Lian, China.		IS25344	Jan. 14, 2016
		Country of Origin	Country of Destination
		Japan	China
		Remarks	
		Contract No. WE1264ZY5467 Our ref. No. 1675464 L/C No. 54672818468464	
Transportation		Terms	
Shipper per: CSCL LE HAVRE V.514W	On or about: May 29, 2016	90% of total invoice value shall be paid at sight and the remainder 10% of total invoice value shall be paid at sight against the acceptance stamped and signed by two parties	
From: Yokohama, Japan	To: Dalian, China		

Case No. Item	*Description of Goods*	*Unit*	*Q'ty*	*Amount* C&F Dalian port
Double coil end lacing machine	LAW-2TS（全伺服绑扎机）	JPY13 600 000	1 set	JPY13 600 000
		Total:	1 set	JPY13 600 000

MARKS:

DALIAN

C/No. 1-4

MADE IN JAPAN

Origin: Japan

Four wooden case only

SUN PLANT INDUSTRY CO., LTD.

资料 4

Shipper Insert Name, Address and Phone ODAWRA ENGINEERING CO., LTD. 2597 YOSHIDAJIMA, KAISEI-MACHI, ASHIGARAKAML MANAGAWA2164-.01634 JAPAN TEL: ×××× FAX: ××××	B/L No. JCS054C070Y54
Consignee Insert Name, Address and Phone TO ORDER	JAPAN EXPRESS CO.,LTD.
Notify Party Insert Name, Address and Phone Dalian Jinhai International Trade Co., Ltd. No.256 Binhai Street Da Lian, China.	**BILL OF LADING**
Place of Receipt YOKOHAMA CY	Pre-carriage by
Ocean Vessel/Voy. No. CSCL LE HAVRE V. 514W	Port of Loading YOKOHAMA, JAPAN
Port of Discharge DALIAN	For Tanshipment to (if on-carriage)

Particulars furnished by the Merchant

Marks & Nos	No. of p'kgs or units	Kind of Packages/Description of Goods	G/Weight(kg)	Measurement (m^3)
DALIAN C/No. 1-4 MADE IN JAPAN HJCU743649 TARE 2 280kg	4 wooden case 1PKGS	-SHIPPER'LOAD& COUNT- 1×20FT CONTAINERS SAID TO CONTAIN: 4 PACKAGES IN TOTAL Double coil end lacing machine LAW-2TS L/C No 54672818468464 UNDER CONTRACT No. WE1264ZY5467	1 470kg	6.73m^3

FREIGHT PREPAID

TOTAL NUMBER OF CONTAINERS OR PACKAGES (IN WORDS) SAY: TWO CONTAINER ONLY

FREIGHT & CHARGES	Weight/Measurement	Rate	Per	Prepaid	Collect
				JPY54 000	

资料 5

WEIGHT MEMO /PACKING LIST

For Account of		Invoice No.	Date
Dalian Jinhai International Trade Co., Ltd.		TS25344	Jan. 14, 2016
No.256. Binhai Street Da Lian, China.		Country of Origin	Country of destination
		Japan	China
		Remarks	
		Contract No. WE1264ZY5467	
		Our ref. No. 1675464	
		L/C No. 54672818468464	
Transportation		Case Mark	
Shipper per.	On or about.	DALIAN	
CSCL LE HAVRE V.514W	May 29, 2016	C/No. 14	
From:	To:	MADE IN JAPAN	
Yokohama, Japan	Dalian, China		

Case No. Item	*Description of Goods*	*CTNR*	*Q'ty*	*Net WT* kg	*Gross WT* kg
1-4	Double coil end lacing machine LAW-2TS(全伺服绑扎机)	HJCU743649	1 set	1 150	1 470
		Total:	1 set	2 880	3 580

Dimension 6.73 m^3

SUN PLANT INDUSTRY CO., LTD.

根据所提供的资料,填制报关单以下栏目:

1. “备案号”栏应填(　　)。

A. C×××××××××××××　　B. Z09011A77669

C. B×××××××××××××　　D. 不用填

2. “进口日期”栏应填(　　)。

A. 2016.03.28　　B. 20160328

C. 2016.04.12　　D. 20160412

3. “申报日期”栏应填(　　)。

A. 不填　　B. 20160328

C. 2016.04.12　　D. 20160412

4. “经营单位”栏应填(　　)。

A. 大连金海国际贸易公司 210294××××

B. 大连星海工业有限公司

C. 宏永科技(大连)有限公司 210294××××

D. 宏永科技(大连)有限公司

5. “运输方式”栏应填(　　)。

A. 5　　B. 1

C. 2　　D. 海洋运输

6. “贸易方式”栏应填(　　)。

A. 2025　　B. 一般贸易 0110

C. 0615　　D. 2225

7. “征免性质”栏应填(　　)。

A. 鼓励项目 789　　B. 自有资金 799

C. 502　　D. 101

8. “收货单位”栏应填(　　)。

A. 大连金海国际贸易公司 210294××××

B. 大连星海工业有限公司

C. 宏永科技(大连)有限公司 210294××××

D. 宏永科技(大连)有限公司

9. “境内目的地”栏应填(　　)。

A. 宏永科技(大连)有限公司

B. 大连金海国际贸易有限公司

C. 大连其他 21029

D. 21025

10. “成交方式”栏应填(　　)。

A. 1　　B. 2　　C. 3　　D. 4

11. “保险费”栏应填(　　)。

A. 为空　　B. 0.3　　C. 0.3/1　　D. 3/1

12. “件数”栏应填(　　)。

A. 1　　B. 4　　C. 1470　　D. 1 150

13. “包装种类”栏应填(　　)。

A. 集装箱　　B. 木箱　　C. 纸箱　　D. 托盘

14. “用途”栏应填(　　)。

A. 企业自用　　B. 加工返销

C. 外贸自营内销　　D. 作价提供

15. “集装箱号”栏应填(　　)。

A. HJCU743649 * 40/(1)

B. HJCU74364/20′/2280

C. HJCU74364/40′/2280

D. HJCU74364/20′(1)/2280

16. “原产国(地区)”栏应填(　　)。

A. 303　B. 110　C. 305　D. 116

17. “标记唛码及备注”栏的“备注”项应填(　　)

A. Z:×××××××××××××

B. 委托大连金海国际贸易有限公司进口

C. DALIAN
C/NO. 1—4
MADE IN JAPAN

D. 此栏为空

18. “数量及单位”栏应填(　　)。

A. 1 台

B. 1 套 [第一行] 1 台 [第二行]

C. 1470 千克 [第一行] 1 台[第二行]

D. 1 套 [第一行] 1470 千克[第二行] 1 台 [第三行]

19. “币种”栏应填(　　)

A. 303　B. 116　C. 305　D. 110

20. “征免”栏应填(　　)

A. 全免　B. 照章征税　C. 保证金　D. 特案

实训二

资料 1　秦皇岛造船厂(130391××××)进口一批油漆(法定计量单位:千克)用于加工出口成品。装载货物的运输工具于 2016 年 3 月 26 日向天津新港海关(0202)申报进境。3 月 30 日,该企业报关人员持电子化手册 C04026100941 向秦皇岛海关(0402)办理属地申报、属地验放手续,油漆位列该手册第 2 项。四个 20 尺集装箱:TPHU8290658、TEXU2391475、TEXU2391475、MISU2369721,自重 2 280千克。

资料 2

PACKING LIST

Seller:		Invoice No. and Date:
KOREA CHEMICAL CO., LTD. 1301-4, SEOCHO-DONG, SEO-CHO-KU, SEOUL,KOREA		EX80320 MAR, 15, 2016 **Buyer (if other than consignee)** AS PER CONSIGNEE
Consignees: TO THE ORDER OF QINHUANGDAO BOATYARD CO., LTD. 154 WUSI ROAD QINHUANGDAO CHINA		**Other Reference:** **Contract No.:** SFEC/KCC803-1
Departure Date: MAR, 20, 2016		
Vessel: ESSEN EXPRESS V.28ED09	**From:** SINGAPORE	
TO TIANJIAN, CHINA		

Shipping Marks	No. & Kinds of Packing: Goods Description	QUANTITY	N/WEIGHT	G/WEIGHT	MEASUREMENT
	PAINT	LTR. 114056	kg. 136256	kg. 161492	

资料 3

INVOICE

Seller:		Invoice No. and Date:
KOREA CHEMICAL CO , LTD. 1301-4, SEOCHO-DONG, SEO-CHO-KU, SEOUL,KOREA		EX80320 MAR, 15, 2016 **L/C No. and Date**
Consignees: TO THE ORDER OF QINHUANGDAO BOATYARD CO., MAR, 20, 2008 154 WUSI ROAD QINHUANGDAO CHINA		**Buyer (if other than consignee)** AS PER CONSIGNEE **Other Reference:** **Contract No.:** SFEC/KCC803-1
Departure Date: MAR, 20, 2016		**Terms of Delivery and Payment:** Freight: USD8000 Insurance:0.25% CIF TIANJIN
Vessel: ESSEN EXPRESS V.28ED09	**From:** SINGAPORE	
TO TIANJIAN, CHINA		T/T 60 DAYS FROM B/L DATE

Shipping Marks	No. & Kinds of Packing: Goods Description	Quantity	Unit Price	Amount
	PAINT	114056 LTR.	2.00/LTR	USD 228112.00

QHD BOATYARD
TIANJIN　　CIF TIANJIN, CHINA
C/No.:　　County of Origin: SINGAPORE
Signed By:
KOREA CHEMICAL CO., LTD.
B.W.HAN
GENERRAL MANAGER

资料 4　　中华人民共和国海关进口货物报关单

预录入编号：　　　　　　　　　　　　　　　　　　海关编号：

进口口岸	备案号	进口日期	申报日期	
经营单位	运输方式	运输工具名称	提运单号	
收货单位	贸易方式	征免性质	征税比例	
许可证号	起运国(地区)	装货港	境内目的地	
批准文号	成交方式	运费	保费	杂费
合同协议号	件数	包装种类	毛重(千克)	净重(千克)
集装箱号	随附单据	用途		
标记唛码及备注				

项号	商品编号	商品名称/规格型号	数量及单位	原产国(地区)	单价	总价	币制	征免

税费征收情况

录入员　录入单位	兹声明以上申报无讹并承担法律责任	海关审单批注及放行日期(签章)
		审单　审价
报关员： 单位地址	申报单位(签章)	征税　统计
邮编　电话	填制日期	查验　放行

根据所提供的资料，填制报关单以下栏目：

1. “进口口岸”栏应填(　　)。

A. 秦皇岛海关　　B. 秦皇岛关 0402

C. 新港海关　　D. 新港海关 0202

2.“备案号”栏应填(　　)。

A. 122231040　　B. C04026100941

C. MISC200000537　　D. V28ED09

3.“进口日期”栏应填(　　)。

A. 16.03.26　　B. 20160326

C. 16.03.30　　D. 2016.03.30

4.“运输方式”栏应填(　　)。

A. 2　　B. 3

C. 4　　D. 5

5.“收货单位”栏应填(　　)。

A. 130391××××　　B. 秦皇岛造船厂 130391××××

C. 秦皇岛造船厂　　D. 130391

6.“贸易方式”栏应填(　　)。

A. 0214　　B. 进料对口 0615

C. 0255　　D. 进料深加工 0654

7.“装货港”栏应填(　　)。

A. 首尔　　B. 韩国

C. 新加坡　　D. 中国境内

8.“境内目的地”栏应填(　　)。

A. 秦皇岛造船厂　　B. 秦皇岛经济技术开发区

C. 秦皇岛其他　　D. 13039

9.“运费”栏应填(　　)。

A. 502/8000/1　　B. 502/8000/2

C. 502/8000/3　　D. 此栏为空

10.“保费”栏应填(　　)。

A. 502/0.25/1　　B. 0.25/1

C. 0.25/2　　D. 本栏为空

11.“件数”栏应填(　　)。

A. 1　　B. 12

C. 4　　D. 114056

12.“包装种类”栏应填(　　)。

A. 桶　　B. 集装箱

C. 铁桶　　D. 木箱

13. “毛重”栏应填(　　)。

A. 114056　　B. 136256

C. 161492　　D. 161492 千克

14. “集装箱号”栏应填(　　)。

A. TPHU8290658/20′/2280　B. TPHU8290658/2000

C. TPHU8290658/40　　D. TPHU8290658/20′/40

15. “用途”栏应填(　　)。

A. 加工返销　　B. 企业自用

C. 其他内销　　D. 外贸自营内销

16. “标记唛码及备注”栏应填(　　)。

A. QHDBOATYARD

B. QHDBOATYARD
TIANJINTIANJIN
C/NO.：

C. QHDBOATYARD
TIANJINTIANJIN
C/NO.：
TEXU2391475/20′/2280

D. QHDBOATYARD
TIANJINTIANJIN
C/NO.：
TEXU2391475/20′/2280;TEXU2391475/20′/2280
MISU2369721/20′/2280

17. “项号”栏应填(　　)。

A. 01

B. 01
02

C. 02

D. 02
01

18. “数量及单位”栏应填(　　)。

A. 114056 升　　B. 136256 千克

C. 136256 千克(第一行)
114056 升(第二行)

D. 136256 千克(第一行)
114056 升(第三行)

19. “总价”栏应填(　　)。

A. 114056　　B. 136256

C. 161492　　D. 228112

20. “原产国(地区)”栏应填(　　)。

A. 美国　　B. 中国

C. 新加坡　　D. 韩国

四、报关单缮制

实训一

资料1　上海南华进出口有限公司(312221××××)受上海申通电器产业有限公司(312222××××)的委托进口一批镀锌钢材(商品编码 7210490000 属于法检和自动进口许可管理商品),用于生产空调设备供应国内市场。运输工具于 2016 年 3 月2 日由上海外轮代理公司(310098××××)申报进境,船舶进口次日委托上海嘉华物流有限公司(312298××××)向海关申报,保险费 USD:500.00。入境货物通关单号码:221100167001783;自动进口许可证号码:16-03-W92449;法定计量单位:千克。

资料2

PACKING LIST/WEIGHT MEMO

CONTRACT NO:7EOW48250124HK

TO SHANGHAI NAN- HUA I/E CORP SHANGHAI 200135CHINA TEL: FAX:	Packing List No.　　Date: KFQE-02-0206　　Feb. 10 2016 Bill of Loading No. YS-001 Shipped per S/S BIBI Voy, 018 From : SAN FRANCISCO, USA Via HONGKONG to SHANGHAI ,CHINA	MARKS &NOS 7EOW48250124HK SHANGHAI

Descriptions

PLAIN GALVANIZED STEEL SHEETS, SFCC-27

MANUFACTURE:UNITED METALS INDUSTIES,LTD THE UNITED STATES

SIZE:0.5×1000×200CM

3 CONTAINERS OF:

TEXU 3621232(20'2380KGS) TEXU3569596(20'2380KGS)/TTLU8508674(40'3800KGS)

PACKING	CONTENTS	N/WEIGHT	G/WEIGHT
IN CTNRS	11,232SHEETS	96.2102M/T	For net
TOTAL	11,232SHEETS	96.2102M/T	

NANKO CO. , LTD , HONGKONG

__________ SIGNATURE

资料 3

INVOICE

For Account and Risk of SHANGHAI NANHUA I/E CORP 上海南华进出口公司 31229100xxxx SHANGHAI 200135CHINA TEL: FAX:	Invoice No: KFQE-02-0206　　Date: Feb. 10 2016 LC312970679 Issued by INDUSTRIAL AND COMMERCIAL BANK OF CHINA SHANGHAI BRANCH CONTRACT NO. :7EOW48250124HK

Shipped per	Voy, No	Sailing on or about
S/S BIBI	VOY. 018	Feb. 28,2016

该运输工具于 2016 年 3 月 2 日申报进境

From SAN FRANCISCO,USA Via HONGKONG to SHANGHAI YANGSHAN PORT ,CHINA

Descriptions		Amount
PLAIN GALVANIZED STEEL SHEETS, SFCC-27 SPECIFICATION AND CONDITIONS AS BELOW APPEARANCE ACCORDING TO JIS G3302/5. 5. 1 MANUFACTURE: UNITED METALS INDUSTIES,LTD THE UNITED STATES	AT USD 520 PER M/T CFR SHANGHAI LESS 10% PREPAYMENT	USD 50029. 20 5002. 92
	TOTAL TO BE INVOICED:	USD45026. 28
PACKING IN CTNRS 11,232SHEETS 96. 210M/T		
MARKS &NOS 7EOW48250124HK SHANGHAI		

NANKO CO. , LTD , HONGKONG

________ SIGNATURE

资料 4 中华人民共和国海关进口货物报关单

预录入编号： 海关编号：

进口口岸	备案号	进口日期		申报日期	
经营单位	运输方式	运输工具名称		提运单号	
收货单位	贸易方式	征免性质		征税比例	
许可证号	起运国(地区)	装货港		境内目的地	
批准文号	成交方式	运费	保费	杂费	
合同协议号	件数	包装种类	毛重(千克)	净重(千克)	
集装箱号	随附单据		用途		
标记唛码及备注					

项号	商品编号	商品名称/规格型号	数量及单位	原产国(地区)	单价	总价	币制	征免

税费征收情况

录入员 录入单位	兹声明以上申报无讹并承担法律责任	海关审单批注及放行日期(签章)
		审单 审价
报关员 单位地址	申报单位(签章)	征税 统计
邮编 电话	填制日期	查验 放行

实训二

资料 1 深圳南粤商贸发展有限公司(531091××××)拟从中国台湾创新科技有限公司进口一批17吋液晶显示器销售，该批货物原产国为中国(货物是由惠州创新生产申报出口运至福田保税区)。双方于 2016 年 3 月 21 日签约,南粤商贸发展有限公司委托深圳中外运报关有限公司 3 月 27 日从福田保税区海关(福保税关:5321)申报进口,由深圳市中海运输公司承运至上海市场销售,车牌号:粤 B384××。

资料 2　　**CONTRACT**

Contract No:MN 0321-TVI-4

Date: 2016. 03. 21

THE BUYER:SHENZHEN NANYUE TRADE&LOGISTICS CO,LTD

5/F Block Bintelling Technology Digital Park, Hongmian RD, Futian Free Trade Zone, Shenzhen,China

TEL:0755-25331166-6801　　　FAX:0755-25331088

THE SELLERS:Techview International Technology Inc.

2F,NO. 188 Wen Hwa 2nd RD,Kuei Shan Hsiang, Tao yuan Shien,Taiwan

TEL:886-3-328-7088 FAX:886-3-328-8066

This Contract is made by and between the Buyers and the Sellers in Shenzhen hereby the Buyers agree to buy and the Sellers agree to sell the under mentioned commodity according to the terms and conditions stipulated as below:

ITEM	COMMODITY SPECIFICATIONS	UNIT (PCS)	QTY	UNIT PRICE (USD)	TOTAL AMOUNT
1	Acer17″ LCD, AL1716Fb. 5ms. China power cord 分辨率:1280 * 1024 不带视频接口 点距:0. 264mm 亮度:300 cd/m² 对比度:800:1 ET. L4802. 018	PCS	1080	139. 00	150,120. 00 CIF Shenzhen

2. COUNTRY OF ORIGIN AND MANUFACTURERS:China.

3. PACKING:To be packed in strong wooden cases or in cartons. Suitable for long distance road transportation:the change of climate,Well protected against moisture and shocks.

4. SHIPPING MARK:No Mark

5. TIME OF SHIPMENT:

6. PORT OF SHIPMENT:Shenzhen

7. PORT OF DESTINATION:Shenzhen

Buyer:　　　　　　　　　　Seller:

资料 3 **Techview International Technologv Inc.**

INVOICE

MN0321-TVI-4

Invoice No:	550045188	Packing List No:2016015836	
Incoterm:	CIF SHENG ZHEN	From:	Shenzhen,China
Payment:	By T/T	To:	
Currency	USD	Ship per:	Truck
Bill to:	SHENZHEN NANYUE TRADE&LOGISTICS GO.,LTD 5/F,Block Blnteling Technology Digital Park, Hongmian RD,Futian Free TRADE Zone,Shenzhen,China TEL:0755-25331166-6801 FEX:0755-25331088	Forwarder:	
		Ship to:	Acer Computer(Shanghai)Co.Ltd. 3F.,No.168,MidXizang Road, Shanghai,20001 PRC TEL:021-51178999

Description of Goods		Quantiy	Unit Price	Amount
P/N	Acer17"LCD,AL1716 Fb,5ms,China power cord 分辨率:1280×1024 不带视频接口 点距:0.264mm 亮度:300 cd/m² 对比度:800:1 ACCN PO:PNU8030016 Customer PO P/N:ET.L4802.018	1 080	139.00	150 120.00
Marks&No:1-15 Total:		1 080	USD	150 120.00

Total USD:ONE HUNDRED FIFTEY THOUSAND ONE HUNDRED TWENIY ONLY

Goods Belong to Techview if No Payments

SHIPPING MARKS: Techview International Technology Inc

ACER

China

MADE IN CHINA

P/NO:1-15

AUTHORIZED SIGNATURE

资料 4 **Techview International Technologv Inc.**

PACKING LIST

MN0321-TVI-4

Packing List No: 2016015836
Invoice No:
From: 550045188
To: Shenzhen,China
Ship per: Shenzhen,China
Forwarder: Truck
Bill to:

SHENZHEN NANYUE TRADE&LOGISTICS CO.,LTD
5/F,Block Blnteling Technology Digital Park, Hongmian RD,Futian Free Trade Zone,Shenzhen,China
TEL:0755-25331166-6801
FEX:0755-25331088

Ship to:Acer Computer(Shanghai)Co.,Ltd.
3F.,NO.168,Mid Xizang Road,
Shanghai,20001 PRC
TEL:021-51178999

Package&No	Description of Goods	Quantity	N.W.	G.W.	Measurement(cm)
P/N	Acer17"LCD,AL1716 Fb,5ms,China power cord 分辨率:1280×1024 不带视频接口 点距:0.264mm 亮度:300 cd/m² 对比度:800:1 ACCN PO:PNU8030016 Customer:PO P/N:ET.L4802.018	1080	4298.4	5375	136×93×153
Total:15 PLTS(=1080 CTNS) TOTAL PACKED IN FIFTEEN(15)PLTS ONLY		1080	4298.4KG	5375KG	

SHIPPING MARKS:
ACER
China
MADE IN CHINA
P/NO:1-15

Techview International Technology Inc

AUTHORIZED SIGNATURE

资料 5

中华人民共和国海关进口货物报关单

预录入编号：　　　　　　　　　　　　　　　　　　　　　　海关编号：

<table>
<tr><td>进口口岸</td><td colspan="2">备案号</td><td colspan="2">进口日期</td><td colspan="2">申报日期</td></tr>
<tr><td>经营单位</td><td colspan="2">运输方式</td><td colspan="2">运输工具名称</td><td colspan="2">提运单号</td></tr>
<tr><td>收货单位</td><td colspan="2">贸易方式</td><td colspan="2">征免性质</td><td colspan="2">征税比例</td></tr>
<tr><td>许可证号</td><td colspan="2">起运国(地区)</td><td colspan="2">装货港</td><td colspan="2">境内目的地</td></tr>
<tr><td>批准文号</td><td colspan="2">成交方式</td><td>运费</td><td colspan="2">保费</td><td>杂费</td></tr>
<tr><td>合同协议号</td><td>件数</td><td>包装种类</td><td colspan="2">毛重(千克)</td><td colspan="2">净重(千克)</td></tr>
<tr><td>集装箱号</td><td colspan="4">随附单据</td><td colspan="2">用途</td></tr>
<tr><td>标记唛码及备注</td><td colspan="6"></td></tr>
</table>

项号 商品编号 商品名称/规格型号 数量及单位 原产国(地区) 单价 总价 币制 征免

税费征收情况

<table>
<tr><td>录入员　录入单位</td><td>兹声明以上申报无讹并承担法律责任</td><td>海关审单批注及放行日期(签章)
审单　　　　审价</td></tr>
<tr><td colspan="2" rowspan="2">报关员　　　　　　深圳中外运报关有限公司
单位地址　　　　　　申报单位(签章)

邮编　　　　电话　　　　填制日期</td><td>征税　　　　统计</td></tr>
<tr><td>查验　　　　放行</td></tr>
</table>

实训三

资料1　重庆金立复合材料有限公司(500493××××)于2015年11月2日持C800114××338手册向重庆寸滩水港海关(8010)申报出口成品第3项玻璃纤维粗纱一批(法定计量单位:千克),货物最终由上海洋山港(2248)出境。

资料2

POLYCOMP INTERNATIONAL CORP

Commercial Invoice

Invoice No.: 001177

Custmer: Sammitr GOLD Power Company Limited

Your Order Number: 1010-0083

Order Date: OCT. 28th, 2015

Address: S-120 30 Stockholm, Sweden

CONTRACT NO.: POSGP10-253

Phone:

Payment Term: BY T/T 60DAY

FROM: YANG SHAN PORT, CHINA TO: STOCKHOLM PORT, Sweden

Item	Description	Qty. Kg	Unit Price (USD)	Total Price (USD)
1	EC E225 1/2 3.85 Y3	500	4.00	2 000.00
2	EC G200 1/2 4.0 B4 Y1	600	5.00	3 000.00
3	EC G335 1/2 4.0 B4 Y1	700	6.00	4 200.00
4	EC G450 1/2 4.0 B4 Y4	300	7.00	2 100.00

Made in China　　CFR Stockholm　　USD:11 300.00

Freight: USD 600.00

Total This Invoice(USD) ELEVEN THOUSAND THREE HUNDRED ONLY

资料 3

POLYCOMP INTERNATIONAL CORP

PACKING LIST

Custmer：Sammitr GOLD Power Company Limited　　Invoice No.：001177

Address：S-120 30 Stockholm，Sweden　　Order Number：1010－0083

CONTRACT NO.：POSGP10－253

Phone：　　Date：OCT. 28th，2015

MARK NUMBERS	Description and Specication	Qty.	N. W. (kg)	G. W. (kg)
N/M	EC E225 1/2 3.85 Y3	500	500	510
	EC G200 1/2 4.0 B4 Y1	600	600	620
	EC G335 1/2 4.0 B4 Y1	700	700	750
	EC G450 1/2 4.0 B4 Y4	300	300	350
		Total：	2 100	2 130

PACKAGE NO.	QUANTITY (kg)	NET WEIGHT (kg)	GROSS WEIGHT (kg)	MEASUREMENT
3 PALLET	2 100	2 100	2 130	0.8 cm^3

资料 4 POLYCOMP INTERNATIONAL CORP

SHIPPER **POLYCOMP INTERNATIONAL CORP**	10) B/L NO. CNQC70427A
CONSIGNEE Sammitr GOLD Power Company Limited NOTIFY PARTY Sammitr GOLD Power Company Limited	**COSCO** 中国远洋运输（集团）总公司 CHINA OCEAN SHIPPING(GROUP)CO. ORIGINAL COMBINED TRANSPORT BILL OF LADING

PLACE OF RECEIPT SHANGHAI	OCEAN VESSEL 船名 JIYUNJ1003
VOYAGE NO.船名 航次 V.1209E	PORT OF LOADING 装运港 YANGSHAN
PORT OF DISCHARGE 卸货港 STOCKHOLM	PLACE OF DELIVERY 目的港

MARKS	NOS.&KINDS OF PKGS	DESCRIPTION OF GOODS	G.W.(kg)	MEAS(m^3)
M/N	3 PALLETS	POLYCOMP CONTRACT NO: POSGP10-253	2 130	0.8 m^3

MADE IN CHINA

1×20 MAEU6134299 FREIGHT PREPAID

TOTAL NUMBER OF CONTAINERS OR PACKAGES(IN WORDS)

SAY ONE (1×20DC)CONTAINER ONLY

FREIGHT & CHARGES	REVENUE TONS	RATE	PER	PREPAID	COLLECT
USD 600.00					

PREPAID AT	PAYABLE AT	PLACE AND DATE OF ISSUE NOV. 03th, 2015 CHONGQING
TOTAL PREPAID	NUMBER OF ORIGINAL B(S)L	
LOADING ON BOARD THE VESSEL DATE		BY

资料 5　　　　中华人民共和国海关出口货物报关单

预录入编号：　　　　　　　　　　　　　　　　　　　　　　海关编号：

出口口岸	备案号	出口日期	申报日期	
经营单位	运输方式	运输工具名称	提运单号	
收货单位	贸易方式	征免性质	结汇方式	
许可证号	运抵国(地区)	指运港	境内货源地	
批准文号	成交方式	运费	保费	杂费
合同协议号	件数	包装种类	毛重(千克)	净重(千克)
集装箱号	随附单据	生产厂家		
标记唛码及备注				

项号	商品编号	商品名称/规格型号	数量及单位	最终目的国(地区)	单价	总价	币制	征免

税费征收情况

录入员　录入单位	兹声明以上申报无讹并承担法律责任	海关审单批注及放行日期(签章)
		审单　　　审价
报关员： 单位地址	重庆金力复合材料有限公司 申报单位(签章)	征税　　　统计
邮编　　　电话	填制日期	查验　　　放行

实训四

资料1　天津中华电子有限公司(120723××××)购买进口显示器元器件一批，货物2015年5月26日从日本大阪起运，经韩国仁川换装运输工具。该批货物中的电视机用印刷电路板组件(商品编码:85299081.90，法定计量单位:千克)和非片式固定电阻(商品编码:85332190.00，法定计量单位:千克/千个)用于加工成品销往境外，分别列入E02037000007电子账册第10项和第12项，其他货物进口后在国内销售。货物于8月29日运输工具申报运至天津新港。次日九鼎电子有限公司关务员王丽委托天津渤海报关有限公司(120728××××)报关人员曹军向海关申报进口。该批货物共35个纸箱，运费按每箱USD50.00计算，保险费率为0.3‰。

根据题目资料，请先设计本票货物的清关方案，列明每个环节的任务节点。

资料2

<table>
<tr><td colspan="3">Shipper Insert Name, Address and Phone
ABSEN ELECTRONICS CO. LTD
89# HATCH ROAD</td><td colspan="3">B/L.NO.
JCSCINC07059044</td></tr>
<tr><td colspan="3">Consignee Insert Name, Address and Phone
TIANJIN ZHONGHUA ELECTONICS DISPLAY CO. LTD
245# DONGHONG ROAD TIANJIN CHINA</td><td colspan="3">TIANJIN-INCHON
INTERNATIONAL
CARGO SHIPPINGCO.</td></tr>
<tr><td colspan="3">Notify Party Insert Name, Address and Phone
SAME AS CONSIGNEE</td><td colspan="3">BILL OF LADING</td></tr>
<tr><td colspan="3">Place of receipt</td><td colspan="3">Pre-carriage</td></tr>
<tr><td colspan="3">Ocean Vessel /Voy. No.
TIAN REN K07059</td><td colspan="3">Port of loading
INCHON,KOREA</td></tr>
<tr><td colspan="3">Port of discharge
XINGANG,TIANJING CHINA</td><td colspan="3">For Transshipment to(if on-carriage)</td></tr>
<tr><td colspan="6">Particulars furnished by the Merchant</td></tr>
<tr><td>Container No.And Marks</td><td colspan="2">Kind of Packages/ Description of Goods</td><td colspan="2">Gross Weight</td><td>Measurement(m³)</td></tr>
<tr><td>TIANJIN
C/T 1-UP
MADE IN JAPAN
TTLU4011025/20'
(PART)CY/CY</td><td colspan="2">35CARTONS
ELECTRC PARTS FOR MONTOR
INVOICE NO:9000223238
"FREIGHT COLLECT"</td><td colspan="2">286.62KGS</td><td>3.609 CBM</td></tr>
<tr><td colspan="6">TOTAL NUMBER OF CONTAINERS OR PACKAGES (IN WORDS) SAY:
PART OF ONE TWENTY-FOOT CONTAINER ONLY</td></tr>
<tr><td>Freight & Charges</td><td>Weight/Measurement</td><td>Rate</td><td>Per</td><td>Prepaid</td><td>Collect</td></tr>
<tr><td>Landen on Board the Vessel
Date
AUG26,2015</td><td>No. of Original B(s)/L
3(THREE)</td><td colspan="2">Place of B/L Issue
Seoul KOREA
AUG26,2015</td><td colspan="2">Signed for the Carrier
TINAJIN-INCHON INTERNATIONAL CARGO SHIPPINGCO</td></tr>
</table>

资料 3

COMMERCIAL INVOICE

Current Date:2015.08.20

Invoice No. 9000223238

Seller:SASUNG ELECTRONICS CO. LTD

××××, Korea

Consignee:TIANJIN ZHONGHUA ELETRONICS DISPLAY CO. TD

245# DONGHONG ROAD Tianjin, China

Buyer:TIANJIN ZHONGHUA ELECTRONICS DISPLAY CO. LTD

245# DONGHONG ROAD , Tianjin, China

Vessel/flight	from	VIA	to
	FOB Osaka ocean Port	Inchon	Tianjin

P/ONO.	MaterialNo.	Description;	Quantity (PCS)	unit price (USD)	Amount (USD)
4500197830	1 BN63-003197A	shield-PCB main; TULI 电视机用屏蔽盒(85299081.90)	1,900PC	0.036	68.40
	46 BN59-00533A	Remocom; Copernicus, T 遥控器(85437099.90)	180PC	2.1648	389.68
	4-2201-000446	C-CERAMIC, DISC;3.3NF 单层瓷介电容(85322300.00)	2,000PC	0.0483	96.60
4500199678	1 2003-000541	R-METAL OXIDE(S); 1Ko 非片式固定电阻(85332190.00)	16,500PC	0.0148	244.20
	3 BN96-04802A	ASSY BLU P; Bordeaux 电视机用印刷电路板组件(85299081.90)	4,800PC	2.1495	10317.60
4500203882	1 BN96-05727A	ASSY BRACKET P-WALL 电视机用支架(85299081.90)	80PC	5.6428	451.42
	Total		25,460PCS	USD:11567.90	

SASUNG ELECTRONICS CO. LTD

资料 4

PACKING LIST

Current Date：2015. 08. 20

Seller：SASUNG ELECTRONICS CO. LTD

××××，Korea

Consignee：TIANJIN JIUDING ELETRONICS DISPLAY CO. TD

245＃ DONGHONG ROAD Tianjin，China

Buyer ：TIANJIN ZHONGHUA ELECTRONICS DISPLAY CO. LTD

245＃ DONGHONG ROAD Tianjin，China

Vessel/flight	from	VIA	to
TIAN REN/K07059	Inchon		Tianjin

SHIPPING MARK

TSED

TIANJIN

C/T 1-UP

MADE IN JAPAN

Carton No.	Material Code	Description；Specification	Quantity	N/W(kg)	G/W(kg)	CBM
1-20 1	BN63-003197A	shield-PCB main；TULI	1,900PCS	76.00	80.00	1.700
1-1 46	BN59-00533A	Remocom；Copernicus，T	180PCS	18.00	18.80	0.057
1-2	4-2201-000446	C-CERAMIC，DISC；3.3NF	2,000PCS	4.50	5.20	0.062
1-1 1	2003-000541	R-METAL OXIDE(S)；1Ko	16,500PCS	29.80	31.20	0.132
1-10 3	BN96-04802A	ASSY BLU P；Bordeaux	4,800PCS	140.00	142.00	0.800
1-11	BN96-05727A	ASSY BRACKET P-WALL	80PCS	8.93	9.42	0.030

ALL Total：

C/T Qty：35　NET WEIGHT 277.23KGS　GROSS WEIGHT 286.62KGS　CBM：3.60

SASUNG ELECTRONICS CO. LTD

资料 5

中华人民共和国海关进口货物报关单

预录入编号：　　　　海关编号：

进口口岸	备案号	进口日期	申报日期
经营单位	运输方式	运输工具名称	提运单号
收货单位	贸易方式	征免性质	征税比例
许可证号	起运国(地区)	装货港	境内目的地
批准文号	成交方式	运费 / 保费 / 杂费	
合同协议号	件数 / 包装种类	毛重(千克)	净重(千克)
集装箱号	随附单据		用途
标记唛码及备注			

项号 商品编号 商品名称/规格型号 数量及单位 原产国(地区) 单价 总价 币制 征免

税费征收情况

录入员　录入单位	兹声明以上申报无讹并承担法律责任	海关审单批注及放行日期(签章)
报关员 单位地址 邮编　电话	申报单位(签章) 填制日期	审单　审价 征税　统计 查验　放行

资料 6 中华人民共和国海关进口货物报关单

预录入编号： 海关编号：

<table>
<tr><td>进口口岸</td><td colspan="3">备案号</td><td colspan="2">进口日期</td><td colspan="2">申报日期</td></tr>
<tr><td>经营单位</td><td colspan="3">运输方式</td><td colspan="2">运输工具名称</td><td colspan="2">提运单号</td></tr>
<tr><td>收货单位</td><td colspan="3">贸易方式</td><td colspan="2">征免性质</td><td colspan="2">征税比例</td></tr>
<tr><td>许可证号</td><td colspan="3">起运国(地区)</td><td colspan="2">装货港</td><td colspan="2">境内目的地</td></tr>
<tr><td>批准文号</td><td colspan="3">成交方式</td><td>运费</td><td colspan="2">保费</td><td>杂费</td></tr>
<tr><td>合同协议号</td><td>件数</td><td colspan="2">包装种类</td><td colspan="2">毛重(千克)</td><td colspan="2">净重(千克)</td></tr>
<tr><td>集装箱号</td><td colspan="4">随附单据</td><td colspan="3">用途</td></tr>
<tr><td>标记唛码及备注</td><td colspan="7"></td></tr>
</table>

项号	商品编号	商品名称/规格型号	数量及单位	原产国(地区)	单价	总价	币制	征免

税费征收情况

<table>
<tr><td>录入员 录入单位</td><td>兹声明以上申报无讹并承担法律责任</td><td colspan="2">海关审单批注及放行日期(签章)</td></tr>
<tr><td rowspan="3" colspan="2">报关员
单位地址 申报单位(签章)
邮编 电话 填制日期</td><td>审单</td><td>审价</td></tr>
<tr><td>征税</td><td>统计</td></tr>
<tr><td>查验</td><td>放行</td></tr>
</table>

实训五

资料 1　仁宝电脑(重庆)有限公司(501264××××)持(H8012100004 电子账册)于2015 年 5 月12 日从重庆乔登彩印包装有限公司(500794××××)购买其加工成品标签一批,用于外销计算机的贴标。该公司委托重庆外贸报关公司办理此批货物报关手续。该批货物于 2015 年 5 月 13 日用货车运往保税港区,并向重庆保税港区海关(8012)申报进口。该批货物法定计量单位:千克。

商品名称	商品编码	法定计量单位	手册料件	海关监管条件
标签(塑膜制印刷)	39269000.00	千克	第 5 项	无
标签(纸制印刷)	48219000.00	千克	第 7 项	无

资料 2

Agama Print Co., Ltd

No.5,Chong Qing Workshop,dayan village, enfeng Town,Jiulongpo District,Chong Qing

TEL:023-66740880　　FAX:023-65740800

SALES CONTRACT

No.: QDCQRB20150401　　　　Date: 20150504

SELLERS: Agama PrintCO., Ltd
重庆乔登彩印包装有限公司

BUYER: COMPAL Electronics (CHONG QING) Co.,Ltd.
仁宝电脑(重庆)有限公司
No.D01,Zone D,Air Port Section of Liang Lu CunTan Free Trade Port Area,YuBeiDistrict,Chongqing,China
重庆市渝北区两路寸滩保税港区空港功能区D区D01

经买卖双方同意,依照下列条款出售下列货物。

序号 Item	料号 Materiel No.	商品名称 Descripion	数量 Quantity		单价 Unit Price(USD)	总价 Amount(USD)
1	HG06R000400	标签(纸制印刷)	1200	套	0.01890	22.68
小计			1200			22.68
2	EL154000400	标签(塑膜制印刷)	38000	个	0.16000	6080.00
3	HG070000U10	标签(塑膜制印刷)	1000	个	0.01400	14.00
4	HGOVS00081P	标签(塑膜制印刷)	3000	个	0.06600	198.00
小计			42000			6292.00
TOTAL:			43200			6314.68

SAY TOTAL U.S.DOLLARS SIX THOUSAND THREE HUNDRED AND FOURTEEN CENTS SIX EIGHT ONLY

Date of Delivery:　Before 2015.4.1
Terms of Payment:　月结120天
Price Term:　DAP仁宝电脑

COMPAL Electronics(CHONG QING) Co.,Ltd.　　　　Agama Print co.,Ltd

资料 3

Agama Print Co.，Ltd

No.5,Chong Qing Workshop,Dayan Village, Jinfeng Town,Jiulongpo District,Chong Qing

TEL:023-66740880　　FAX:023-65740800

INVOICE

No.: QDCQRB20150401　　Date：20150504

Messers: COMPAL Electronics(CHONG QING)CO.，Ltd.

仁宝电脑(重庆)有限公司

No.D01,Zone D,Air Port Section of Liang Lu CunTan Free Trade Port Area,YuBeiDistrict,Chongqing,China

重庆市渝北区两路寸滩保税港区空港功能区D区D01

Shipped by: 重庆乔登彩印包装有限公司

序号	料号	商品名称	数量	单位	单价	总价	净重	毛重	包装(纸箱)
Item	Materiel No.	Descripion	Quantity		Unit Price(USD)	Amount(USD)	Net weight(kgs)	Gross Weight(kg)	Packing No
1	HG06R000400	标签（纸制印刷）	1200	套	0.01890	22.68	2.84	3.47	1
小计			1200			22.68	2.84	3.47	1
2	EL154000400	标签（塑膜制印刷）	38000	个	0.16000	6080.00	182.40	189.96	12
3	HG070000U10	标签（塑膜制印刷）	1000	个	0.01400	14.00	50.00	50.63	1
4	HGOVS00081P	标签（塑膜制印刷）	3000	个	0.06600	198.00	4.80	60.06	2
小计			42000			6292.00	237.20	246.65	15
TOTAL:			43200			6314.68	240.04	250.12	16

SAY TOTAL U.S.DOLLARS SIX THOUSAND THREE HUNDRED AND FOURTEEN CENTS SIX EIGHT ONLY

Agama Print Co., Ltd

资料 4

Agama Print Co.，Ltd

No.5,Chong Qing Workshop,Dayan Village, Jinfeng Town,Jiulongpo District,Chong Qing

TEL:023-66740880　　FAX:023-65740800

PACKING LIST

No.: QDCQRB20150401　　Date： 20150504

Messers: COMPAL Electronics(CHONG QING)CO.，Ltd.

仁宝电脑(重庆)有限公司

No.D01,Zone D,Air Port Section of Liang Lu CunTan Free Trade Port Area,YuBeiDistrict,Chongqing,China

重庆市渝北区两路寸滩保税港区空港功能区D区D01

Shipped by: 重庆乔登彩印包装有限公司

序号	料号	商品名称	数量		净重	毛重	包装
Item	Materiel No.	Descripions	Quantity		Net weight(kgs)	Gross Weight(kg)	Packing No (纸箱)
1	HG06R000400	标签（纸制印刷）	1200	套	2. 84	3. 47	1
小计			1200		2. 84	3. 47	1
2	EL154000400	标签（塑膜制印刷）	38000	个	182. 40	189. 96	12
3	HG070000U10	标签（塑膜制印刷）	1000	个	50. 00	50. 63	1
4	HGOVS00081P	标签（塑膜制印刷）	3000	个	4. 80	6. 06	2
小计			42000		237. 20	246. 65	15
TOTAL:			43200		240. 04	250. 12	16

SAY TOTAL SIXTEEN (16) UNITS ONLY.

Agama Print Co., Ltd

资料 5　　中华人民共和国海关出口货物报关单

预录入编号：　　　　　　　　海关编号：

<table>
<tr><td>出口口岸</td><td colspan="2">备案号</td><td colspan="2">出口日期</td><td colspan="2">申报日期</td></tr>
<tr><td>经营单位</td><td colspan="2">运输方式</td><td colspan="2">运输工具名称</td><td colspan="2">提运单号</td></tr>
<tr><td>收货单位</td><td colspan="2">贸易方式</td><td colspan="2">征免性质</td><td colspan="2">结汇方式</td></tr>
<tr><td>许可证号</td><td colspan="2">运抵国(地区)</td><td colspan="2">指运港</td><td colspan="2">境内货源地</td></tr>
<tr><td>批准文号</td><td colspan="2">成交方式</td><td>运费</td><td colspan="2">保费</td><td>杂费</td></tr>
<tr><td>合同协议号</td><td>件数</td><td>包装种类</td><td colspan="2">毛重(千克)</td><td colspan="2">净重(千克)</td></tr>
<tr><td>集装箱号</td><td colspan="3">随附单据</td><td colspan="3">生产厂家</td></tr>
<tr><td>标记唛码及备注</td><td colspan="6"></td></tr>
</table>

项号	商品编号	商品名称/规格型号	数量及单位	最终目的国(地区)	单价	总价	币制	征免

税费征收情况

<table>
<tr><td>录入员　录入单位</td><td>兹声明以上申报无讹并承担法律责任</td><td>海关审单批注及放行日期(签章)</td></tr>
<tr><td colspan="2">报关员：
单位地址　　　　申报单位(签章)
邮编　　　电话　　　填制日期</td><td>审单　　　审价
征税　　　统计
查验　　　放行</td></tr>
</table>

资料 6　　中华人民共和国海关保税港区进境货物备案清单

预录入编号：　　　　　　　　　　　　　　海关编号：

<table>
<tr><td colspan="2">进口口岸</td><td colspan="2">备案号</td><td colspan="2">进口日期</td><td colspan="2">申报日期</td></tr>
<tr><td colspan="2">经营单位</td><td colspan="2">运输方式</td><td colspan="2">运输工具名称</td><td colspan="2">提运单号</td></tr>
<tr><td colspan="2">收货单位</td><td colspan="2">贸易方式</td><td colspan="2">征免性质</td><td colspan="2">征税比例</td></tr>
<tr><td colspan="2">许可证号</td><td colspan="2">起运国(地区)</td><td colspan="2">装货港</td><td colspan="2">境内目的地</td></tr>
<tr><td colspan="2">批准文号</td><td colspan="2">成交方式</td><td>运费</td><td colspan="2">保费</td><td>杂费</td></tr>
<tr><td colspan="2">合同协议号</td><td>件数</td><td colspan="2">包装种类</td><td colspan="2">毛重(千克)</td><td>净重(千克)</td></tr>
<tr><td colspan="2">集装箱号</td><td colspan="4">随附单据</td><td colspan="2">用途</td></tr>
<tr><td colspan="2">标记唛码及备注</td><td colspan="6"></td></tr>
</table>

项号	商品编号	商品名称/规格型号	数量及单位	原产国(地区)	单价	总价	币制	征免

税费征收情况

<table>
<tr><td>录入员　录入单位</td><td>兹声明以上申报无讹并承担法律责任</td><td>海关审单批注及放行日期(签章)</td></tr>
<tr><td colspan="2" rowspan="3">报关员
单位地址　　　　　　　　申报单位(签章)
邮编　　　　电话　　　　填制日期</td><td>审单　　　审价</td></tr>
<tr><td>征税　　　统计</td></tr>
<tr><td>查验　　　放行</td></tr>
</table>

实训六

资料 1　广州永安商贸进出口公司(440191××××)2015 年 10 月 10 日持 B52019200238 手册出口成品餐巾和浴巾(分别为手册第 3、5、9 项序号)向广州新风海关(关区代码 5101)申报,法定计量单位:条/千克,餐巾和浴巾商品编码分别为 6302.9100、6302.6010。加工费:每条餐巾 0.2 美元,浴巾 0.5 美元;共计运费 1 000美元,保险费率 0.3%,集装箱自重 2 280 千克。

资料 2　广州永安商贸进出口公司

GUANGZHOU YONG AN COMMERCIAL & TRADE I/N CO., LTD

INVOICE

OCT.10.2015

To: M/S PPC, INC
2626 MAMIE EISENHOWER DRIVE
BOONEI IOWA 50036 U. S. A

No. of invoice: GZB 0408-10

Sales Confirmation No. 04GZ-B268

Terms:
From GUANGZHOU CHINA (PORT OF LOADING) to SEATTLE U. S. A. (PORT OF DISCHARGE)
Shippcd per BO HAI/B0988 upon Bill of Lading USA-S0189
Sailing on or about OCT 10 2004 to VANCOUVER CANADA (FINAL DESTINATION)
Paid by DOCUMENTS AGAINST PAYMENT

Marks & Nos	Quantities and Description	Unit Price	Amount
			CNF SEATTLE
	KITCHEN TOWEL OF COTTON		
04GZ-B268	15×25′ 9.600 PCS/800 DOZENS	USD 10.00/PCS	USD 96,000.00
C/NO.1-100			
MADE IN CHINA	BATH TOWELS OF COTTON		
	25×35′ 6,000 PCS/500 DOZENS	USD 15.00/PCS	USD 90,000.00
	35×45′ 6,000 PCS/500 DOZENS	USD 20.00/PCS	USD 120,000.00

资料 3　　广州永安商贸进出口公司

GUANGZHOU YONG AN COMMERCIAL & TRADE I/N CO., LTD

PACKING LIST

Sold to PPC, INC 2626 MAMIE EISENHOWER DRIVE BOONEI IOWA 50036 U. S. A	No. of Invoice GZB 0408-10 Date OCT.10.2015	Reference No.
Consignce	Country of Origin CHINA	Country of Destination
Means of Transport and Route shipper per　On or about	Remark	
From GUANGZHOU　Via SEATTLE	Terms of Payment	
To VANCOUVER		

Marks and Numbers	Number and Kind of Packages Description Goods Quantity	Net Weight	Gross Weight	Measurement
	KITCHEN TOWEL OF COTTON			
04GZ-B268	9,600 PCS/800 DOZENS	70 kg	80 kg	15×25′
C/NO.1-100				
MADE IN CHINA	BATH TOWELS OF COTTON			
	6,000 PCS/500 DOZENS	40 kg	50 kg	25×35′
	6,000 PCS/500 DOZENS	50 kg	60 kg	25×45′
CONTAINER NO.	GZHU867688/GZHU867689 1×20′ (40 PACKAGES) 1×20′ (60 PACKAGES)			

TOTAL：100 CARTONS/1.800 DOZ/21.600 PCS　160 kg　190 kg

广州永安商贸进出口公司

GUANGZHOU YONG AN COMMERCIAL & TRADE I/N CO.,LTD

资料 4 中华人民共和国海关出口货物报关单

预录入编号： 海关编号：

出口口岸	备案号	出口日期	申报日期
经营单位	运输方式	运输工具名称	提运单号
收货单位	贸易方式	征免性质	结汇方式
许可证号	运抵国(地区)	指运港	境内货源地
批准文号	成交方式	运费	保费	杂费
合同协议号	件数	包装种类	毛重(千克)	净重(千克)
集装箱号	随附单据	生产厂家
标记唛码及备注	

项号	商品编号	商品名称/规格型号	数量及单位	最终目的国(地区)	单价	总价	币制	征免

税费征收情况

录入员 录入单位	兹声明以上申报无讹并承担法律责任	海关审单批注及放行日期(签章)
报关员： 单位地址	申报单位(签章)	审单 审价 征税 统计
邮编 电话	填制日期	查验 放行

实训七

资料1　黄埔创讯玩具有限公司(440192××××)用电子化加工手册号:B52031345214 出口玩具一批,该公司于 2016 年 5 月 23 日委托三阳报关公司向黄埔新塘海关(关区代码 5203)申报,于 2016 年 5 月 25 日出口。该商品位列于手册第 3 项,出境货物通关单 B:440160104001809

资料2

黄埔创讯玩具有限公司

TO:WINNER LIMITED

INVOICE

发票号码
Invoice No.000992
合同编号
Contract No:INVAC 01
黄埔日期
Huangpu Date:MAY.20,2016

运载工具
Shipped Per BY SEA"DANU BHUM/S009"
装运口岸
From HUANGPU to HONGKONG

装运日期 MAY.25,2016
Sailing on MAR.25,2016
信用证号码
L/C NO. T/T
提运单号
B/L NO. HACB8122148

货名 Description of Goods	单价 Unit Price	总价 Amount	料件费 FAB COST	工缴费 CMQ
电动玩具火车 ELECTRIC PACKAGES: 4CASE	USD:10.00/PCS	CIF HONGKONG USD:4,000.00 F:USD 300.00 I:USD 0.27%	USD3,500.00	USD500.00

资料 3

黄埔创讯玩具有限公司

TO：WINNER LIMITED

PACKING LIST

发票号码

Invoice No.000992

合同编号

Contract No：INVAC 01

黄埔日期　MAY.20,2016

Huangpu Date：Mar.20,2016

运载工具

Shippcd Per BY SEA"DANU BHUM/S009"

装运日期 MAY.25,2016

Sailing on MAR.25,2016

装运口岸

From HUANGPU to HONGKONG

信用证号码

L/C NO. T/T

唛头号码 Marks & Nos	货名 Description of Goods	数量 Quantity	毛重 Gross Weight	净重 Net Weight
INVAC01 MADE IN CHINA C/NO：1-4	电动玩具火车 ELECTRIC HS CODE：95031000 计量单位：千克	400PCS TOTAL:	412 kg 4 CASE ONLY	386 kg

资料 4　　　　中华人民共和国海关出口货物报关单

预录入编号：　　　　　　　　　　　　　　　　　　海关编号：

出口口岸	备案号		出口日期			申报日期
经营单位	运输方式		运输工具名称			提运单号
收货单位	贸易方式		征免性质			结汇方式
许可证号	运抵国(地区)		指运港			境内货源地
批准文号	成交方式		运费	保费		杂费
合同协议号	件数	包装种类		毛重(千克)		净重(千克)
集装箱号	随附单据				生产厂家	
标记唛码及备注						

项号　商品编号　商品名称/规格型号　数量及单位　最终目的国(地区)　单价　总价　币制　征免

税费征收情况

录入员　录入单位	兹声明以上申报无讹并承担法律责任	海关审单批注及放行日期(签章)
		审单　　　审价
报关员： 单位地址	申报单位(签章)	征税　　　统计
邮编　　　电话	填制日期	查验　　　放行

实训八

资料1 南通富士高微电子有限公司(320653××××)于2016年5月7日由日本东京空运至上海浦东机场(沪机场关2204)进口一批芯片(属于法检商品)在境内加工成品复出口,法定计量单位:个。该公司用E23024300159手册自行报关,进口合同号:SW99005。

资料2

中华人民共和国海关进口货物报关单

预录入编号: 海关编号:

进口口岸	备案号	进口日期	申报日期
经营单位	运输方式	运输工具名称	提运单号
收货单位	贸易方式	征免性质	征税比例
许可证号	起运国(地区)	装货港	境内目的地
批准文号	成交方式	运费	保费 杂费
合同协议号	件数 包装种类	毛重(千克)	净重(千克)
集装箱号	随附单据		用途
标记唛码及备注			

项号	商品编号	商品名称/规格型号	数量及单位	原产国(地区)	单价	总价	币制	征免

税费征收情况

录入员 录入单位	兹声明以上申报无讹并承担法律责任	海关审单批注及放行日期(签章)
		审单 审价
报关员 单位地址	申报单位(签章)	征税 统计
邮编 电话	填制日期	查验 放行

资料 3

INVOICE & PACKING LIST

SELLER:
KYUSHU FUJITSU ELECTRONICS, LTD.
5950, Soeda, Lnki-cho
Satsuma-gun, Kagoshima
895-1493, Japan

NO: 06070502　　DATE: 05-MAY-2016
TO: NANTONG FUJITSU MICROELECTRONICS CO., LTD　　CO. No. SW99005
From TOKYO TO PUDONG AIRPORT SHANGHAI
Per: Air Freight by CA930

C/S No.	Description	Quantity(pcs)	N. W.	G. W.	Unit Price	Amount
	IC CHIP IN WAFER		KGS		CIF SHANGHAI	USD
1	W-MB88342-11	4 025	0.80	1.50	0.21	845.25
2	W-MB89176-302-11	5 294	1.00		0.35	1 852.90
	W-MB89177-303-11	6 665	1.20	3.50	0.35	2 332.75
TOTAL: 2Wooden Cases		15984PCS	3KGS	5KGS		USD5030.90

Shipping Marks
SW99005
NANTONG CHINA
C/NO. 1-2
MADE IN JAPAN

MAWB: 99971172312;
HAWB: 50318881

KYUSHU FUJITSU ELECTRONICS, LTD

SIGN BY: M. HONYAMA

进口料件芯片手册资料：

W-MB88342-11	手册第 7 项商品
W-MB89176-302-11	手册第 6 项商品
W-MB89177-303-11	手册第 8 项商品

实训九

资料 1　广东达华模具有限公司(440194××××)委托广州外贸集团公司(经营单位代码:440191××××)进口设备一批,于 2016 年 5 月 14 日进口,次日由广州粤海国际货运代理有限公司持“入境货物通关单”(A:440130104001804)和“征免税证明”(证明号:Z51011A00422)及有关单据向佛山新港海关(关区代码 5189)代理报关。商品编码:8462.9110,法定计量单位:台。

资料 2

WAN NEN DA ENTERPRISE CORP. LONDON

INVOICE

No. DF-0412　　Date: Apr.08,2016

For account and risk of Messrs GUANGZHOU DAHUA MOLD CO., LTD.
PINGSHA VILLAGE. NEW CITY. GUANGZHOU CHINA. 广州达华模具有限公司(广州佛山)

Shipped by WAN NEN DA LIMITED　per ________

Sailing on or about ________　From LONDON to GUANGZHOU FOSHAN

L/C No.　Contract No. LD11-088

Marks & Nos.	Description of Goods	Quantity	Unit Price	Amount
		SET	USD	USD
C. C. F. LONDON P/NO.1-5 MADE IN ITALY	型材压力机DM-408	3	9, 907. 12	29, 721. 36
	型材压力机DM-540	1	10, 156. 25	10, 156. 25
	型材压力机CNC-640	1	13, 281. 25	13, 281. 25
				CIF FOSHAN
	TOTAL: 5 PALLET	5 SETS		USD 53, 158.86
	SAY TOTAL US. FIFTY-THREE THOUSAND ONE HUNDRED FIFTY-EIGHT AND CENTS EIGHT-SIX ONLY.			

WAN NEN DA ENTERPRISE CORP. LONDON ________

Authorized Signature (s) ________

资料 3　　**WAN NEN DA ENTERPRISE CORP. LONDON**

PACKING LIST

No. CF-0412　　　　Date：Apr.08,2016

For account and risk of Messrs GUANGZHOU DAHUA MOLD CO., LTD.

PINGSHA VILLAGE. NEW CITY. GUANGZHOU CHINA.

Shipped by WAN NEN DA LIMITED　per ________

Sailing on or about ________　From LONDON to GUANGZHOU FOSHAN

Vessel Voyage No., DAHEA. 048

B/L NO：LD 010182

Marks & Nos.	Description of Goods	Quantity	Net Weight	Gross Weight
		SET	kg	kg
C. C. F. LONDON P/NO.1-5 MADE IN ITALY	型材压力机DM-408	3	6, 300	7, 900
	型材压力机DM-540	1	3, 350	4, 050
	型材压力机CNC-640	1	3, 500	4, 100
	CONTAINERS NO YMLU 8899223 (40') TAREWGT 4，800 kg			
	TOTAL：5 PALLET	5 SETS	13，150 kg	16，050 kg

WAN NEN DA ENTERPRISE CORP. LONDON ________

Authorized Signature (s) ________

资料 4

中华人民共和国出入境检验检疫
入境货物通关单

1. 收货人 广州达华模具有限公司			5. 标记及号码 C.C.F. LONDON P/NO.1-9 MADE IN ITALY
2. 发货人 ＊＊＊			
3. 合同/提(运)单号 /LD010182	4. 输出国家或地区 英国		
6. 运输工具名称及号码 船舶OAHEA/048	7. 目的地 广东省广州市		8. 集装箱规格及数量 海运40尺普通1个
9. 商品名称及规格	10. H.S.编码	11. 申报总值	12. 数/重量\包装数量及种类
型材压力机DM-408	84629110	29 721.36美元	3台
＊＊＊	＊＊＊	＊＊＊	6 300千克
＊＊＊	＊＊＊	＊＊＊	4件
型材压力机DM-540	84629110	10 156.25美元	1台
＊＊＊	＊＊＊	＊＊＊	3 350千克
＊＊＊	＊＊＊	＊＊＊	2件
型材压力机CNC-640	84529110	13 281.25美元	1台
＊＊＊	＊＊＊	＊＊＊	3 500千克
＊＊＊	＊＊＊	＊＊＊	3件
＊＊＊＊＊＊＊＊＊	＊＊＊＊＊＊＊＊＊	＊＊＊＊＊＊＊＊＊	＊＊＊＊＊＊＊＊

13. 证明

上述货物业已报检/申报,请海关予以放行.

签字: 日期: 2016年5月15日

14. 备注

资料 5 中华人民共和国海关进口货物报关单

预录入编号： 海关编号：

进口口岸	备案号		进口日期			申报日期	
经营单位	运输方式		运输工具名称			提运单号	
收货单位	贸易方式		征免性质			征税比例	
许可证号	起运国(地区)		装货港			境内目的地	
批准文号	成交方式		运费	保费		杂费	
合同协议号	件数	包装种类	毛重(千克)			净重(千克)	
集装箱	随附单据			用途 企业自用			
标记唛码及备注							

项号 商品编号 商品名称/规格型号 数量及单位 原产国(地区) 单价 总价 币制 征免

税费征收情况

录入员 录入单位	兹声明以上申报无讹并承担法律责任	海关审单批注及放行日期(签章)
报关员 单位地址	申报单位(签章)	审单 审价 征税 统计
邮编 电话	填制日期	查验 放行

实训十

资料 1　晶达电子(苏州)有限公司(320534××××)从宁波综合保税区富瑞电子科技有限公司(330254××××)结转购入液晶电视机用零件(法定计量单位:千克)一批,用于加工外销液晶电视机成品。结转进口报关单号:330220161897653355

资料 2

NINGBO FOURY TECH INDUSTRIES CO.,LTD

PO BOX 315×××, NO.13 TIAN SHAN LU,NINGBO EXPORT PROCESSING ZONE, ZHEJIANG CHINA

Tel: 86-574-26885××× Fax: 86-574-26885×××

INVOICE&PACKING LIST

Invoice No: FK100215　　Date: 2016/04/07

P.O.No.: CD100215

Ship To: JINGDA ELECTRONIC CO.,LTD
NO.xxx JINFENG ROAD,SUZHOU NEW DISTRICT,JIANGSU,CHINA,
TEL: 0512-66655××× FAX: 0512-66655×××

Bill To: JINGDA ELECTRONIC CO.,LTD
NO.xxx JINFENG ROAD,SUZHOU NEW DISTRICT,JIANGSU,CHINA,
TEL: 0512-66655××× FAX: 0512-66655×××

From NINGBO, ZHEJIANG　**to** SUZHOU, JIANGSU

Shipped per: TRUCK　**Sailing on or about:**

DESCRIPTION	Qty	G.W.	N.W.	UNIT PRICE	AMOUNT
40″液晶电视用前框180101276020	464 PCS	1005.5 kg	920.25 kg	USD 47.75	USD 22156.00
40″液晶电视用后壳170102231020	462 PCS	2144 kg	1982.67 kg	USD 52.72	USD 24356.64
TOTAL	926 PCS	3149.5 kg	2902.92 kg		USD 46512.64

SAY FORTY SIX THOUSAND FIVE HUNDRED AND TWELVE DOLLARS AND SIXTY FOUR CENTS ONLY.

TOTAL PACKED IN: 22 PALLETS

资料 3

中华人民共和国海关加工贸易保税货物,出口加工区货物深加工结转申请表

申请表编号: P10000006478　　电子口岸统一编号: 000000000000608735　　打印日期:2016/04/08

转出地申报						转入地申报					
转出企业	宁波富瑞电子科技有限公司	主管海关	甬加工区(3111)	转出地	浙江宁波综合保税区	转入企业	晶达电子(苏州)有限公司	主管海关	苏州海关(2303)	目的地	苏州高新技术产业开发区
转出企业内部编号	RZ-100201-002	转出批准证编号		人工审批		转入企业内部编号	FJ100223	转入批准证编号		人工审批	
转出企业法人联系电话	*** ********	转出申报企业		宁波富瑞电子科技有限公司		转入企业法人联系电话	*** ********	转入申报企业		晶达电子(苏州)有限公司	
申报日期	2016-2-23	审批日期				申报日期	2016-2-23	审批日期			
申请表类型	保税综合区货物深加工结转	企业合同号		RZ-10021-002		送货距离(公里)		预计运输耗时(天)			

结转进口货物情况

序号	商品项号	商品编码	商品名称	规格型号	计量单位	数量	法定单位	法定数量	转出序号	转入手册号
1	69	8529908100	前框/液晶电视机用	液晶电视机用	个	2000	千克	3966.60	1	E23036000191
2	65	8529908100	后壳/液晶电视机用	液晶电视机用	个	2000	千克	8583	2	E23036000191

结转出口货物情况

序号	商品项号	商品编码	商品名称	规格型号	计量单位	数量	法定单位	法定数量	转出手册号
1	1366	8529908100	40″液晶电视机用前框		个	2000	千克	3966.60	H31117000142
2	1367	8529908100	40″液晶电视机用后壳		个	2000	千克	8583	H31117000142

资料 4

保税货物/出口加工区货物深加工结转收发货单

收发货单海关编号: P1000000647810001　　发货企业内部编号: RZ20100408

电子口岸统一编号: 000000000000678669　　发货企业内部编号: FJ100409

发货企业名称	宁波富瑞电子科技有限公司			收货企业名称	晶达电子(苏州)有限公司
发货时间	收货时间	运输工具类别	运输工具编号	购销合同号或订单号	条形码/验证码
2016/04/02	2016/04/02	***	***	***	***

实际收货情况

序号	申请表序号	料号	发货序号	项号	商品编码	商品名称	规格型号	交易单位	交易数量	申报单位	申报数量	收货人签章	转入手册号
1	1		1	69	8529908100	前框/液晶电视机用	液晶电视机用	个	464	个	464		E23036000191
2	2		2	65	8529908100	后壳/液晶电视机用	液晶电视机用	个	462	个	462		E23036000191
标志显示区							海关签注						
备注													

实际发货情况

序号	申请表序号	项号	料号	商品编码	商品名称	规格型号	交易数量	交易单位	申报发货数量	申报单位	发货人签章	转出手册号
1	1	1366		8529908100	40″液晶电视机用前框		464	个	464	个		H31117000142
2	2	1367		8529908100	40″液晶电视机用后壳		462	个	462	个		H31117000142
货物状态说明												

资料 5　　中华人民共和国海关综合保税区出境货物备案清单

预录入编号：　　　　　　　　　　　　　　　　　　　　海关编号：

出口口岸	备案号	出口日期	申报日期	
经营单位	运输方式	运输工具名称	提运单号	
收货单位	贸易方式	征免性质	结汇方式	
许可证号	运抵国(地区)	指运港	境内货源地	
批准文号	成交方式	运费	保费	杂费
合同协议号	件数	包装种类	毛重(千克)	净重(千克)
集装箱号	随附单据		生产厂家	
标记唛码及备注				

项号	商品编号	商品名称/规格型号	数量及单位	最终目的国(地区)	单价	总价	币制	征免

税费征收情况

录入员　录入单位	兹声明以上申报无讹并承担法律责任	海关审单批注及放行日期(签章)
		审单　　　审价
报关员： 单位地址	申报单位(签章)	征税　　　统计
邮编　　电话	填制日期	查验　　　放行

资料 6　　　　中华人民共和国海关进口货物报关单

预录入编号：　　　　　　　　　　　　　　　　　　海关编号：

<table>
<tr><td>进口口岸</td><td colspan="2">备案号</td><td colspan="2">进口日期</td><td>申报日期</td></tr>
<tr><td>经营单位</td><td colspan="2">运输方式</td><td colspan="2">运输工具名称</td><td>提运单号</td></tr>
<tr><td>收货单位</td><td colspan="2">贸易方式</td><td colspan="2">征免性质</td><td>征税比例</td></tr>
<tr><td>许可证号</td><td colspan="2">起运国(地区)</td><td colspan="2">装货港</td><td>境内目的地</td></tr>
<tr><td>批准文号</td><td colspan="2">成交方式</td><td>运费</td><td>保费</td><td>杂费</td></tr>
<tr><td>合同协议号</td><td>件数</td><td>包装种类</td><td colspan="2">毛重(千克)</td><td>净重(千克)</td></tr>
<tr><td>集装箱</td><td colspan="3">随附单据</td><td colspan="2">用途
企业自用</td></tr>
<tr><td>标记唛码及备注</td><td colspan="5"></td></tr>
</table>

项号	商品编号	商品名称/规格型号	数量及单位	原产国(地区)	单价	总价	币制	征免

税费征收情况

<table>
<tr><td>录入员　录入单位</td><td>兹声明以上申报无讹并承担法律责任</td><td>海关审单批注及放行日期(签章)
审单　　　审价</td></tr>
<tr><td colspan="2" rowspan="2">报关员
单位地址　　　　　　　申报单位(签章)
邮编　　　　电话　　　　填制日期</td><td>征税　　　统计</td></tr>
<tr><td>查验　　　放行</td></tr>
</table>

实训十一

资料1　汉阳源头食品有限公司(500824××××),于2015年3月16日向上海洋山港区海关(2248)申报出口一个40英尺集装箱货物到韩国,箱体自重3 700KGS。该货物为法检目录下的脱水香葱。“出境货物通关单”(B:500830104001804)(请自行核实HS商品编码)。

资料2　中华人民共和国海关出口货物报关单

预录入编号:　　　　海关编号:

<table>
<tr><td>出口口岸</td><td colspan="2">备案号</td><td colspan="2">出口日期</td><td>申报日期</td></tr>
<tr><td>经营单位</td><td colspan="2">运输方式</td><td colspan="2">运输工具名称</td><td>提运单号</td></tr>
<tr><td>收货单位</td><td colspan="2">贸易方式</td><td colspan="2">征免性质</td><td>结汇方式</td></tr>
<tr><td>许可证号</td><td colspan="2">运抵国(地区)</td><td colspan="2">指运港</td><td>境内货源地</td></tr>
<tr><td>批准文号</td><td>成交方式</td><td>运费</td><td colspan="2">保费</td><td>杂费</td></tr>
<tr><td>合同协议号</td><td>件数</td><td>包装种类</td><td colspan="2">毛重(千克)</td><td>净重(千克)</td></tr>
<tr><td>集装箱号</td><td colspan="3">随附单据</td><td colspan="2">生产厂家</td></tr>
<tr><td>标记唛码及备注</td><td colspan="5"></td></tr>
</table>

项号	商品编号	商品名称/规格型号	数量及单位	最终目的国(地区)	单价	总价	币制	征免

税费征收情况

<table>
<tr><td>录入员　录入单位</td><td>兹声明以上申报无讹并承担法律责任</td><td>海关审单批注及放行日期(签章)
审单　　　审价</td></tr>
<tr><td colspan="2">报关员:
单位地址　　　　申报单位(签章)
邮编　　　电话　　　填制日期</td><td>征税　　　统计
查验　　　放行</td></tr>
</table>

资料 3

SALES CONTRACT

CONTRACT NO：XH16008

DATE:2015. 02. 28

THE BUYERS : SHINE WOO INDUSTRIES

168-18,YONGSU-RI,CHOWOL-MYEON,KWANGJU-SI,KYONGKI-DO, KOREA TEL:031 731-4008

THE CONTRACT IS MADE BY BETWEEN THE BUYERS AND SELLERS , WHEREBY THE BUYERS AGREE TO BUY AND THE SELLERS AGREE TO SELL THE UNDER-MENTIONED COMMODITY ACCORDING TO THE TERMS AND CONDITIONS STIPULATED BELOW:

1. DESCRIPTION OF GOODS

MARKS	DESCRIPTION	QUANTITY	UNIT PRICE	AMOUNT
N/M	DEHYDRATED CHIVES	5 000KGS	CFR BUSAN USD5. 60/KG	USD28 000. 00

TOTAL AMOUNT USD28 000. 00　　　　CFR BUSAN KOREA

2. DATE OF SHIPMENT : 2015. 03. 17

3. TERMS OF PAYMENT: L/C

4. LOADING PORT AND DESTLNATION : FROM CHINESE PORT TO BUSAN

5. DOCUMENTS: THE SELLERS SHALL PRESENT THE FOLLOWING DOCUMENTS:

1) SIGNED COMMERCIAL INVOICE IN THREE FOLD.

2) FULL SET OF OCEAN ON BOARD OCEAN BILLS OF LADING MARKED “FREIGHT PRE-PAID” AND MADE OUT TO ORDER, BLANK ENDORSED AND NOTIFYING THE BUYERS

3) PACKING LIST IN THREE FOLD.

6. THIS CONTRACT IS MADE BY FAX

资料 4

INVOICE

HANYANG YUANTOU FOOD CO. ,LTD.

No. 12 SHI XIN ROAD,HIGH &NEW TECHNOLOGY INDUSTRY DEVELOPMENT ZONE,

WU HAN CHINA COMMERCIAL INVOICE

TO: SHINE WOO　INDUSTRIES

168-18,YONGSU-RI,CHOWOL-MYEON,KWANGJU-SI,KYONGKI-DO,KOREA 031731-4008

CONTRACT NO: XH16008

DATE: 2015. 02. 28　　　INVOICE NO: XH16008

MARKS	DESCRIPTION	QUANTITY	UNIT PRICE	AMOUNT
N/M	DEHYDRATED		CFR BUSAN	USD
	CHIVES	5 000KGS	5. 60/KG	28 000. 00

SAY US DOLLARS TWENTY EIGHT THOUSAND HUNDRED ONLY

TOTALAMOUNT: USD 28 000. 00

LESS OCEAN FREIGHT: USD500. 00

COUNTRY OF ORIGIN: CHINA

资料 5

PACKING LIST

TO: SHINE WOO INDUSTRIES

168-18, YONGSU-RI, CHOWOL-MYEON, KWANGJU-SI, KYONGKI-DO, KOREA 031731-4008

CONTRACT NO: XH16008

DATE: 2015.02.28

INVOICE NO: XH16008

MARKS	DESCRIPTION	PACKAGE	G/N. WEIGHT		MEASUREMENT
N/M	DEHYDRATED		N,W	G.W.	
	CHIVES	500CTNS	@10.00	@11.00	
	TOTAL	500CTNS	5 000KGS	5 500KGS	66CBM

SAY TOTAL: FIVE HUNDRED CARTONS ONLY

资料 6

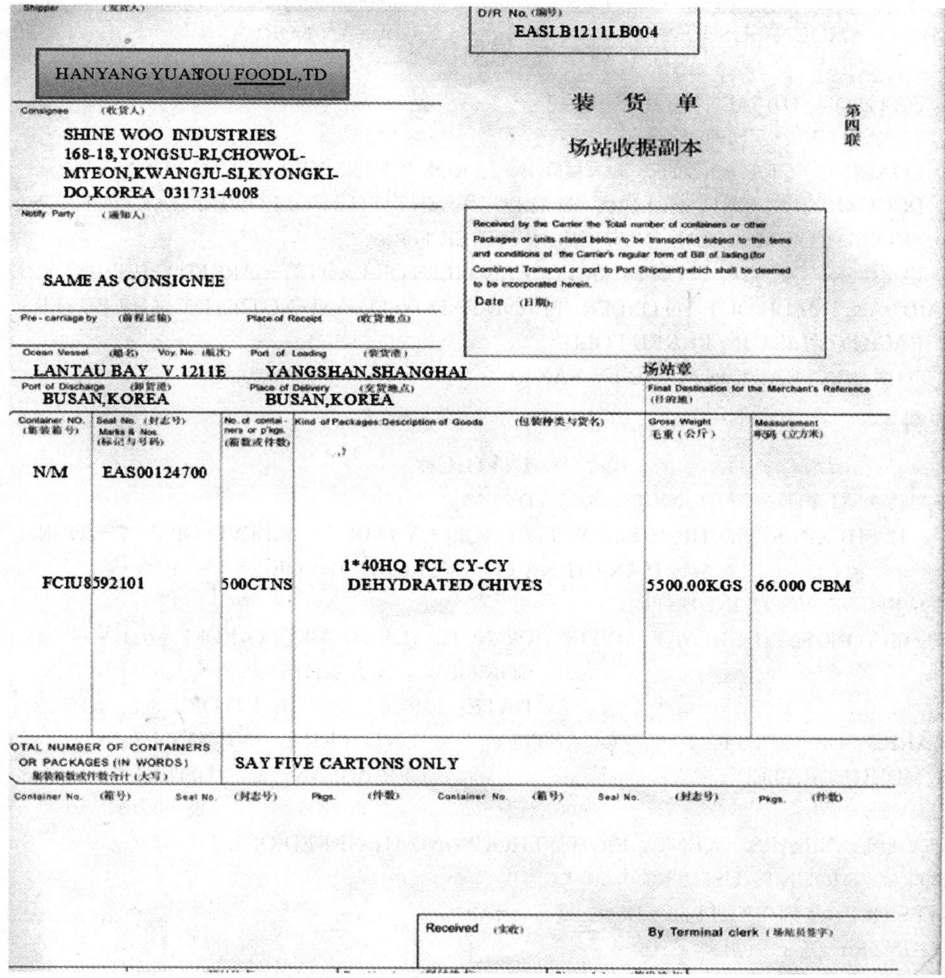

Shipper (发货人)

HANYANG YUANYOU FOODL,TD

D/R No.(编号) EASLB1211LB004

装 货 单

场站收据副本

第四联

Consignee (收货人)

SHINE WOO INDUSTRIES
168-18, YONGSU-RI, CHOWOL-MYEON, KWANGJU-SI, KYONGKI-DO, KOREA 031731-4008

Notify Party (通知人)

SAME AS CONSIGNEE

Received by the Carrier the Total number of containers or other Packages or units stated below to be transported subject to the terms and conditions of the Carrier's regular form of Bill of lading (for Combined Transport or port to Port Shipment) which shall be deemed to be incorporated herein.

Date (日期):

Pre-carriage by (前程运输) | Place of Receipt (收货地点)

Ocean Vessel (船名) Voy. No. (航次): LANTAU BAY V.1211E | Port of Loading (装货港): YANGSHAN, SHANGHAI

场站章

Port of Discharge (卸货港): BUSAN, KOREA | Place of Delivery (交货地点): BUSAN, KOREA | Final Destination for the Merchant's Reference (目的地)

Container NO. (集装箱号)	Seal No. (封志号) Marks & Nos. (标记与号码)	No. of containers or p'kgs. (箱数或件数)	Kind of Packages: Description of Goods (包装种类与货名)	Gross Weight 毛重(公斤)	Measurement 尺码(立方米)
N/M	EAS00124700				
FCIU8592101		500CTNS	1*40HQ FCL CY-CY DEHYDRATED CHIVES	5500.00KGS	66.000 CBM

TOTAL NUMBER OF CONTAINERS OR PACKAGES (IN WORDS) 集装箱数或件数合计(大写): SAY FIVE CARTONS ONLY

Container No. (箱号) | Seal No. (封志号) | Pkgs. (件数) | Container No. (箱号) | Seal No. (封志号) | Pkgs. (件数)

Received (实收) | By Terminal clerk (场站员签字)

实训十二

资料1　重庆川仪微电路有限公司(500991××××),将 B80014150005 电子化手册成品第 4 项:触控式面板,出口到重庆保税港区内重庆瑞普国际物流有限公司(501261××××)手册号:H80121070009。该批货物法定计量单位:台。重庆安捷报关有限公司受川仪微电路有限公司的委托,办理该批货物出口报关手续。(请自行核实 HS 商品编码。)

资料2

Chongqing Sichuan Instrument Microcircuit Company, Limited
ADD：#309 Jinhua Road, Beibei, Chongqing 400700, P. R. C
TEL：0086-23-68863477 0086-23-68287932
FAX：0086-23-68863236

Date：2015-05-15

INVOICE

Invice No.：00150515001
手册号：B80014150005
项号：16

EXPORTER：CSIMC., LTD

TO：
5F，No. 150 Jian
Yi Rd. Chung City
Taipei Hsien, Taiwan
Attn：

Tel. 886-2-8226-300#5505
FAX. 886-2-8226-3138
Terms of Payment：NET 60 DAYS
Freight Term：FOB 空港保税区

Lot ID #	P.O.	P/N	Description	Material Price (USD)	Processing Price (USD)	Qty (PCS)	U/P (USD)	Amount	Pallet	Net Weight (kg)	Gross Weight (kg)	CARTON #
20150515	20150515	SA4731-1209	Touch Pad (触控式面板)	6, 116.04	811.44	5040	1.3745	6,927.48	1	141.12	153.54	1#-9#
			栈板									
TOTAL				6, 116.04	811.44	5040		6927.48	1	141.12	169.54	9箱

Bank Information
Name: Industrial and Commercial Bank of China, Chongqing Branch
Address: 45 Linjiang Road, Yuzhong, Chongqinmg, P. R. C
Account: 310002021914001××××
SWIFT: ICBKCNBJCQG
TEL: 0086-23-68863488 FAX: 0086-23-68863236

资料 3

Chongqing Sichuan Instrument Microcircuit Company, Limited
ADD:#309 Jinhua Road,Beibei,Chongqing400700,P.R.C
TEL:0086-23-68863477 0086-23-68287932
FAX:0086-23-68863236

Packing list

Date: 2015-05-15
Invoice No.: 00150515001
手册号：B80014150005
原产地：中国

EXPORTER: CSIMC., LTD

TO:
5F, No.150 Jian
Yi Rd. Chung ho City
Taipei Hsien, Taiwan
Attn:

Tel. 886-2-8226-300#5505
FAX. 886-2-8226-3138
Terms of Payment: NET 60 DAYS
Freight Term:FOB 空港保税區

CARTON #	P.O.	P/N	Description	Qty(PCS)	Net Weight(kg)	Gross Weight(kg)	Measurement(mm)	项号
1#-9#	20150515	SA4731-1209	Touch Pad（触控式面板）	5040	141.12	153.54	418*321*322	16
9箱			栈板			16.00		
TOTAL	1			5040	141.12	169.54		

義隆電子股份有限公司 統一發票專用章 統一編號 84149224 負責人：葉儀晧 TEL:5639977 新竹科學工業園區創新一路12號

资料 4

PURCHASE ORDER

PO Number: 20150515
PO Date: 05/15/15
Vendor No: CHON01
Ship Via: FOB 空港保税區
Terms: 月結60天
By:

Supplier:
Chongqing Sichuan Instrument Microcircuit Co.,LTD
309# Jinhua RD
Beibei Chongqing China

Bill To:
5F, No.150 Jian
Yi Rd. Chung ho City,
Taipei Hsien, Taiwan

Ship To:
5F, No.150 Jian
Yi Rd. Chung ho City,
Taipei Hsien, Taiwan

OUR PART#	DESCRIPTION MANUFACTURE	QUANTITY (PCS)	U/M	UNIT PRICE(USD)	TOTAL PRICE(USD)	DUE DATE
SA4731-1209	Touch Pad（触控式面板）	5040	EA	1.3745	6,927.48	07/15/15

Approved by: TOTAL: 5040 $6,927.48

资料 5　　中华人民共和国海关出口货物报关单

预录入编号：　　　　　　　　　　　　　　　　　　海关编号：

出口口岸	备案号	出口日期	申报日期
经营单位	运输方式	运输工具名称	提运单号
收货单位	贸易方式	征免性质	结汇方式
许可证号	运抵国(地区)	指运港	境内货源地

批准文号	成交方式	运费	保费	杂费
合同协议号	件数	包装种类	毛重(千克)	净重(千克)

集装箱号	随附单据	生产厂家
标记唛码及备注		

项号	商品编号	商品名称/规格型号	数量及单位	最终目的国(地区)	单价	总价	币制	征免

税费征收情况

录入员　录入单位	兹声明以上申报无讹并承担法律责任	海关审单批注及放行日期(签章)
报关员：		审单　　审价
单位地址	申报单位(签章)	征税　　统计
邮编　　电话	填制日期	查验　　放行

五、查找报关单填制错误,并给出正确答案

实训一

资料 1　渤海通达电子有限公司(210124××××)在投资总额内进口数控三通道液压成型机(法定计量单位:台)。货物委托大连机械设备进出口公司(210291××××)与外商签约并代理进口,货物到港后由大连东正报关有限公司(210298××××)代理进口报关。

全程运保费 23 000 美元。入境货物通关单号:44210010305551。

资料 2

COMMERCIAL INVOICE

Shipper/Exporter TIAN HONG, LTD. KAI CHEUNG ROAD KOWLOON BAY, HONG KONG		No.& date of invoice FNV-HG-001 DATED MAY 24,2016
Consignee DALIAN MECHINERY AND EQUIPMENT CORP. ×× ROAD, DALIAN, P.R.CHINA		No.& date of L/C L/C issuing bank NIL
Notify Party ACCOUNTEE		Remarks: COUNTRY OF ORIGIN: THE FEDERAL REPUBLIC OF GERMANY ORDER NO.:2016-LGGZ-040 TERMS: FOB HAMBURG PORT AT SIGHT
Port of loading HAMBURG PORT GERMANY	Port of discharge DALIAN PORT CHINA	
Vessel　V.062S STEVEN SEA	Sailing on or about MAY 25,2016	

Marks & Numbers of PKGS	Description of Goods	Quantity	Unit-Price(USD)	Amount(USD)
	NC three channel hydraulic molding machine **IST-750**	1SET	200 000.00	200 000.00
		SPARE PARTS 1% INCLUDED		
P/O No:2016-LGGZ-041 PACKAGE NO: NET WEIGHT: KGS GROSS WEIGHT: KGS SIZE:L(CM)×W(CM)×H(CM) ITEM: MADE IN GERMANY		SUBTOTAL:		200 000.00
		TOTAL:		200 000.00

TIAN HONG LTD.

资料 3

PACKING LIST

Shipper/Exporter TIAN HONG, LTD. KAI CHEUNG ROAD KOWLOON BAY, HONG KONG		No.& date of invoice FNV-HG-001 DATED MAY 24,2016
Consignee DALIAN MECHINERY AND EQUIPMENT CORP. ×× ROAD, DALIAN, P.R.CHINA		L/C issuing bank & No. NIL
Notify Party ACCOUNTEE		Remarks:
Port of loading HAMBURG PORT GERMANY	Port of discharge DALIAN PORT CHINA	
Vessel V.062S STEVEN SEA	Sailing on or about MAY 25,2016	

Marks and numbers of PKGS	Description of goods	Quantity	Net-Weight	Gross-Weight	Measurement
C/NO.1-29	NC three channel hydraulic molding machine **IST-750**	1SET	58 680KGS	58 590KGS	
	1PALLET+1W/CASE		58 680KGS	58 590KGS	

P/O No:2016-LGGZ-041
PACKAGE NO.:
NET WEIGHT: KGS
GROSS WEIGHT: KGS
SIZE:L(CM)×W(CM)×H(CM)
ITEM:
MADE IN GERMANY

TIAN HONG, LTD.

资料 4

BILL OF LANDING

<table>
<tr><td colspan="2">Shipper
TONG WOO SHIPPING CO.,LTD
O&B, Julio CO., LTD.
×××ROAD,HONG KONG</td><td rowspan="6">B/L No. HK0605200008

Honour Lane Shipping Ltd.
Bill of Lading</td></tr>
<tr><td colspan="2">Consignee
DALIAN MECHINERY AND EQUIPMENT I/E CORP.
TEL:××××××××
FAX:××××××××</td></tr>
<tr><td colspan="2">Notify party
SAME AS CONSIGNEE</td></tr>
<tr><td>Pre-Carriage by</td><td>Place of receipt</td></tr>
<tr><td>Vessel Voy No.
HUA XIN V.0605</td><td>Port of loading
HONG KONG</td></tr>
<tr><td>Port of discharge
Dalian</td><td>Place of delivery
Dalian CY</td></tr>
</table>

Container No./Seal No. Marks and Numbers	No.of Containers or pkgs	Kind of Packages; Description of goods	Gross Weight	Measurement (CBM)
		NC three channel hydraulic molding machine		
1SET				
P/O No:2016-LGGZ-040	1PALLET+1W/CASE			
PACKAGE NO.:			58 590KGS	
NET WEIGHT: KGS				
CROSS WEIGHT: KGS				
SIZE:L(CM)×W(CM)×H(CM)				
ITEM:				
MADE IN GERMANY		STC: TKL-CY		
CAXU 9400342/40'/××××				
LMGH8977356/40'/××××				

ORIGINAL

<table>
<tr><td colspan="6">Total No.of Containers or Packages (in words)
TOTAL:TWO(40') HQ CONTAINERS ONLY</td></tr>
<tr><td colspan="2">Freightand Charges
FREIGHT PREPAID</td><td>Revenue Tons</td><td>Rate Per</td><td>Prepaid</td><td>Collect</td></tr>
<tr><td rowspan="2">Ex Rate</td><td>Prepaid at
Hong Kong</td><td colspan="2">Payable at</td><td colspan="2">Place and date of issue
HONG KONG 06-06-2016</td></tr>
<tr><td>Total prepaid</td><td colspan="2">No. of original B(s)/L
THREE(3)</td><td colspan="2"></td></tr>
</table>

资料 5

进出口货物征免税证明

编号:Z090116×××××

申请单位	渤海通达电子有限公司	征免性质/代码	鼓励项目/789	审批依据	
发证日期	2016年5月4日	有效期	2016年5月4日	至2016年11月4日	
到货口岸	大连	合同号	2016-LGGZ-041		

序号	商品名称	规格型号	商品编码	数量	单位	金额	币制	海关减免税审批意见		
								关税	增值税	其他
1	数控三通道液压成型机	IST-750	84629110000	1	台	200 000.00	USD	0	17%	

备注		
审批海关签章 2016年5月4日	核放海关签章 年 月 日	注意事项: 1. 本表使用一次有效。如同一合同货物分口岸进口的,应分别填写,一份合同内货物分期到货的,应向审批海关申明,并按到货期分填此表。 2. 此表中“项目名称”栏应按减免税项目填写,如技术改造、世行贷款等。 3. 货物进口时应向海关交验本表,复印件无效。 4. 自签发之日起半年内有效,逾期应向原审批海关申请展期或退单。 5. 经批准进口的货物,如拟移作他用、转让或出售,原申请免税单位应事先报请原批准海关核准,并应按法律补税;否则,海关将依法处理。

资料 6　　中华人民共和国海关进口货物报关单

预录入编号：　　　　海关编号：

进口口岸	(A)备案号	进口日期	申报日期

(B)经营单位	(C)运输方式	(D)运输工具名称	(E)提运单号
大连机械设备进出口公司（2102916666）	2	HUA XIN/ V.0605	HK0605200008

收货单位(F)	(G)贸易方式	(H)征免性质	征税比例
渤海通达电子有限公司（2101245555）	2025	789	

许可证号	(I)起运国（地区）	(J)装货港	(K)境内目的地
	德国	香港	21012

批准文号	(L)成交方式	(M)运费	(N)保费	杂费
	FOB		23 000	

合同协议号	(O)件数	(P)包装种类	毛重（千克）	净重（千克）
	1	件		

(Q)集装箱号	(R)随附单据	用途
CAXU 9400342/40'/3800	Z090114×××××	

(S)标记唛码及备注
P/O No.:2014-LGGZ-041
PACKAGE NO.:
NET WEIGHT:　　KGS
GROSS WEIGHT: KGS
SIZE:L(CM)×W(CM)×H(CM)
ITEM:
MADE IN GERMANY

项号	商品编号	商品名称、规格型号	数量及单位	原产国（地区）	单价	总价	币制	(T)征免
				德国				全免

税费征收情况

录入员　　录入单位	兹声明以上申报无讹并承担法律责任	海关审单批注及放行日期（签章）
报关员	大连东正报关有限公司	审单　　审价
单位地址	申报单位（签章）	征税　　统计
邮编　　电话	填制日期	查验　　放行

上述报关单中已填写20个栏目(标号A—T)，请根据随附资料找出其中10处填制错误，并在答题框内将填制错误的对应字母画“×”标注出来。

举例：如“A”错，就在答题框“A”下画“×”。见下表所示。

A	B	C	D	E	F	G	H	I	J	K	L	M	N	O	P	Q	R	S	T

错误项应正确填报为：

1. ____处应填报为：____
2. ____
3. ____
4. ____
5. ____

6. ______________________________

7. ______________________________

8. ______________________________

9. ______________________________

10. ______________________________

实训二

资料1　广东威达半导体有限公司(440314××××)从境外进口原材料一批(列手册C53301342557第4项),加工成反光板(手册备案成品第6项)后,结转至东莞鑫鑫科技有限公司用于加工电视机零件后出口。

资料2　中华人民共和国海关进口货物报关单

预录入编号:　　　　　　　　　　　　　　　　　　海关编号:520420081567235125

进口口岸 东莞海关5204	备案号 C52044568515	进口日期 20151218	申报日期 20151218	
经营单位 东莞鑫鑫科技有限公司4419967885	运输方式 其他运输	运输工具名称	提运单号	
收货单位 东莞鑫鑫科技有限公司4419967885	贸易方式 0654	征免性质	征税比例	
许可证号	起运国(地区) 142	装货港 0142	境内目的地 东莞	
批准文号	成交方式 CIF	运费	保费	杂费
合同协议号	件数 10	包装种类 纸箱	毛重(千克) 4148.96	净重(千克) 4118.96
集装箱号	随附单据		用途 加工返销	

标记唛码及备注
深加工结转申请表号:01343378
转出手册编号:C53301342557

项号	商品编号	商品名称、规格型号	数量及单位	原产国(地区)	单价	总价	币制	征免
1 06	90019090.04	反光板/TV用聚苯乙烯 32″	4118.96千克 8351个	142	3.850	32151.35	502	全免

税费征收情况

录入员　录入单位	兹声明以上申报无讹并承担法律责任	海关审单批注放行日期(签章)
报关员		审单　　审价
单位地址	申报单位(签章)	征税　　统计
邮编　　电话	填制日期	查验　　放行

资料 3

INVOICE & PACKING LIST

卖方： 广东威达半导体有限公司 发票编号：SHJ2008548445

SELLER: GUANGDONG WEIDA SEMICON TECHNOLOGY CO., LTD.

广东省深圳市南山区常新路 123 号 日期：2015. 12. 11

买方： 东莞鑫鑫科技有限公司 TERMS OF PAYMENT: T/T

BUYER: DONGGUAN XINXIN ELECTRONICS TECHNOLOGY CO., LTD.

广东省东莞市厚街镇白濠工业区

项号	品名 Commodity	规格 Specification	数量/个 Quantity	单价 USD Price	金额 USD Amount	净重/kg Net Weight	毛重/kg Gross Weight	包装 Packages
1	反光板	731×417	8351	US$3.850	US$32151.35	4118.96	4148.96	10CARTONS
		TOTAL	8351	个	US$32151.35	4118.96	4148.96	10CARTONS

SIGNED BY

广东威达半导体有限公司

GUANGDONG WEIDA SEMICON TECHNOLOGY CO., LTD.

资料 4　　中华人民共和国海关出口货物报关单

预录入编号：　　　　　　　　　　　　　　　　海关编号：

(A)出口口岸	(B)备案号	出口日期	申报日期
东莞海关 5204	C53301342557		

经营单位	(C)运输方式	运输工具名称	提运单号
	其他运输		

发货单位	(D)贸易方式	(E)征免性质	(F)结汇方式
	进料加工		2

(G)许可证号	运抵国(地区)	(H)指运港	(I)境内货源地
		中国	深圳特区

(J)批准文号	(K)成交方式	(L)运费	保费	杂费
105005684	3			

合同协议号	(M)件数	包装种类	(N)毛重(千克)	净重(千克)
	10		4148.96	

集装箱号	(O)随附单据	生产厂家
	520420081567235125	

(P)标记唛码及备注　01343378

(Q)项号	商品编号	商品名称、规格型号	(R)数量及单位	(S)最终目的国(地区)	单价	总价	币制	(T)征免
1 04			4 118.96 千克 8351 个	中国				全免

税费征收情况

录入员　录入单位	兹声明以上申报无讹并承担法律责任	海关审单批注放行日期(签章)
报关员		审单　　审价
单位地址	申报单位(签章)	征税　　统计
邮编　　电话	填制日期	查验　　放行

A	B	C	D	E	F	G	H	I	J	K	L	M	N	O	P	Q	R	S	T

请找出报关单填制中至少 5 个错误项(英文大写字母)，并将正确填制回答如下：

1. ______________________________

2. ______________________________

3. ______________________________

4. ______________________________

5. ______________________________

实训三

资料1　山东爱美尔服装有限公司(370224××××)委托鲁通贸易有限公司(370291××××)进口投资总额内减免税纺织机械,货物进口时与同批进口其他货物分单向海关填报。保险费率3‰。

资料2

进出口货物征免税证明

编号:Z37239022260

<table>
<tr><td colspan="4">申请单位:山东爱美尔服装有限公司 3702241526</td><td colspan="5">征免性质/代码:鼓励项目/789</td><td colspan="3">审批依据:15署税1062号</td></tr>
<tr><td colspan="4">发证日期:15.07.15</td><td colspan="8">有效期:15.07.15至16.02.08</td></tr>
<tr><td colspan="4">到货口岸:青岛海关</td><td colspan="8">合同号:</td></tr>
<tr><td rowspan="2">序号</td><td rowspan="2">货　名</td><td rowspan="2">规格</td><td rowspan="2">税号</td><td rowspan="2">数量</td><td rowspan="2">单位</td><td rowspan="2">金额</td><td rowspan="2">币制</td><td colspan="3">主管海关审批征免意见</td></tr>
<tr><td>关税</td><td>增值税</td><td>其他</td></tr>
<tr><td>1</td><td>成品中检机及附件/成品检查溜布用</td><td>JS-100</td><td>8479899090</td><td>1.00</td><td>套</td><td>8322.00</td><td>USD</td><td>全免</td><td>全免</td><td></td></tr>
<tr><td>2</td><td>成品中检机/成品检查溜布用</td><td>JS-105</td><td>8479899090</td><td>2.00</td><td>台</td><td>18058.00</td><td>USD</td><td>全免</td><td>全免</td><td></td></tr>
<tr><td>3</td><td><以下空白></td><td></td><td></td><td></td><td></td><td></td><td></td><td></td><td></td><td></td></tr>
<tr><td>4</td><td></td><td></td><td></td><td></td><td></td><td></td><td></td><td></td><td></td><td></td></tr>
<tr><td>5</td><td></td><td></td><td></td><td></td><td></td><td></td><td></td><td></td><td></td><td></td></tr>
<tr><td>备注</td><td colspan="10"></td></tr>
<tr><td colspan="3">审批海关签章:

负责人:×××
年月日</td><td colspan="3">核放海关批注:

负责人:×××
年月日</td><td colspan="5">注意事项:
1.……
2.……
3.……
4.……</td></tr>
</table>

资料3

INVOICE & PACKING LIST

No.TK-080917　　**DATE:** 24-JUL-15

For account and risk of Messrs. LUTONG International Trading Co., Ltd.
NO.24, ZHONGSHAN ROAD, QINGDAO CHINA.

MARKS & NOS: C/NO.1-4
L/C NO.
Contract No. WER5142
CIF QINGDAO

Shipped by	FAITH SUCCESS INC.		
Per	HON CHUN V.N483	**Sailing on or about**	
From	KEELUNG, TAIWAN	**To**	QINGDAO

Package No.	Description	Quantity	Unit Price	Amount	N.W. kg	G.W. kg	Measurement
1	无张力卷布机/ JS-535	1 set	US$17558.00	US$17558.00	1265	1347	
2	成品中检机及附件/ JS-100	1 set	US$8322.00	US$8322.00	1063	1170	
3	成品中检机/ JS-105	1 set	US$9029.00	US$9029.00	1155	1330	
4	成品中检机/ JS-105	1 set	US$9029.00	US$9029.00	1155	1330	
	Total:	4 set		US$43938.00	4638	5177	

SAY TOTAL FOUR PALLETS ONLY.

FAITH SUCCESS INC

资料 4

Shipper Insert Name, Address and Phone
LUTONG International Trading Co., Ltd.

B/L NO:MKJC45588F44
S/O: 9315

Consignee Insert Name, Address and Phone
LUTONG International Trading Co., Ltd.
NO.24, ZHONGSHAN ROAD, QINGDAO CHINA
FAX:××××-××××× TEL: ××××-×××××

XIN SHENG SHIPPING CO.,LTD

Notify Party Insert Name, Address and Phone

SAME AS CONSIGNEE

BILL OF LADING

Place of Receipt	Pre-carriage by
Ocean Vessel/ Voy. No. HON CHUN V.N483	Port of Loading KEELUNG, TAIWAN
Port of Discharge QINGDAO,CHINA	For Transshipment to(if on-carriage)

Particulars furnished by the Merchant

Marks & Nos	No. of p'kgs or units	Kind of Packages/Description of Goods	G/Weight(kg)	Measurement(m^3)
		1×40'HC -SHIPPER'LOAD, SEAL & COUNT- S.T.C. 4 PALLETS CY-CY 无张力卷布机 成品中检机及附件 成品中检机 TRANSIT(F): QINGDAO CRCU5682365/TARE. 3580kg	5177.00kg	60.000CBM

TOTAL NUMBER OF CONTAINERS OR PACKAGES (IN WORDS) SAY: ONE CONTAINER ONLY

FREIGHT & CHARGES OCEAN FREIGHT Declared value charge	Weight/Measurement	Rate	Per	Prepaid	Collect

Landed on Board the Vessel Date August 21,2015	No. of Original B(s)/L THREE/3	Place of B/L Issue TAIPEI	Signed for the Carrier XIN SHENG SHIPPING CO.,LTD

资料 5　　中华人民共和国海关进口货物报关单

预录入编号：　　　　海关编号：

进口口岸	(A)备案号 Z37239022260	进口日期	申报日期
(B)经营单位 鲁通贸易有限公司 3702912265	运输方式	(C)运输工具名称 HON CHUN/N483	(D)提运单号 MKJC45588F44
(E)收货单位 山东爱美尔服装有限公司 3702241526	(F)贸易方式 2025	(G)征免性质 789	征税比例
许可证号	(H)起运国(地区) 台湾	(I)装货港 基隆	(J)境内目的地 3702
批准文号	成交方式	运费	保费	杂费
(K)合同协议号 WER5142	(L)件数 4	(M)包装种类 托盘	(N)毛重(千克) 5177	(O)净重(千克) 3373
(P)集装箱号 CRCU5682365/40/3580	随附单据		(Q)用途 04

(R)标记唛码及备注

委托鲁通贸易有限公司进口

(S)项号 商品编号 (T)商品名称、规格型号 数量及单位 原产国(地区) 单价 总价 币制 征免

01　成品中检机
02　JS－105 成品检查溜布用

02　成品中检机及附件
01　JS－100 成品检查溜布用

税费征收情况

录入员　录入单位	兹声明以上申报无讹并承担法律责任	海关审单批注放行日期(签章)
报关员		审单　审价
单位地址	申报单位(签章)	征税　统计
邮编　电话	填制日期	查验　放行

A	B	C	D	E	F	G	H	I	J	K	L	M	N	O	P	Q	R	S	T

请找出报关单填制中至少 5 个错误项(英文大写字母)，并将正确填制回答如下：

1. ______
2. ______
3. ______
4. ______
5. ______

实训四

资料 1　杭州东大科技股份有限公司(330193××××)委托杭州速立达报关有限公司(330198××××)出口分立器件(法定计量单位:个/千克)一批。该批货物于2015年4月2日运抵上海浦东机场海关监管仓库,并于同日向海关申报出口,运费:USD200.00。

资料 2

HANGZHOU DONGDA ELECTRONICS TECHNOLOGY CO.,LTD
No.25 BEIGAN ROAD,HANGZHOU,ZHEJIANG 310005
Tel:0086-571-86045566 Fax:0086-571-86045577

PACKING LIST

TO:　　　　　　　　　　　　　　　　　　　　　　No.:20131265

Dragon Tech Co.,LTD　　　　　　　　　　　　　　DATE:2015-4-1

#387、DaeHyun Techno World 183.

Ojun-Dong,Ujwang-City,KyungKi-Do,Korea.

Tel:0082-31-43552666　Fax:0082-31-43552677 shipped by KE898 MAWB.180-5234897

P.O.No.	Description	Part No.	Package	Quantity (PCS)	CTN/No.	N.W (kg)	G.W (kg)	MEAS (m^3)
DTP-090310-1	TR	MMBT3904	SOT-23	1 800 000	D33-1/	90.00	102.00	0.48
DTP-090325-1	TR	MMBT3904	SOT-23	300 00	D33-12			
DTP-090310-1	TR	MMBT4403	SOT-23	1 500 000	D33-13/			
DTP-090320-1	TR	MMBT4403	SOT-23	300 000	D33-24	90.00	102.00	0.48
DTP-090325-1	TR	MMBT4403	SOT-23	300 000				
DTP-090310-1	TR	MMBT4401	SOT-23	180 000	D33-25	7.50	8.50	0.04
DTP-090310-1	TR	MMBT4403	SOT-23	90 000				
DTP-090316-1	DIODE	SD106WS	SOD-23	21 000				
DTP-090317-1	DIODE	SD106WS	SOD-23	3 000	D33-26	7.00	8.00	0.04
	REGULATO	CJ78L08	SOT-23	1 000				
DTP-090317-1	DIODE	BAW56	SOD-23	180 000	D33-27	7.50	8.50	0.04
DTP-090310-1	DIODE	BAW56	SOD-23	300 000	D33-26/ D33-29	14.00	16.00	0.08
DTP-090312-1	REGULATO	CJ78L09	SOD-23	40 000	D33-30	7.00	8.00	0.04
DTP-090309-1	DIODE	1N4148WS HF	SOD-23	360 000	D33-31/ D33-32	15.00	17.00	0.08
DTP-090309-1	DIODE	1N4148WS HF	SOD-23	60 000	D33-33	7.00	8.00	0.04
DTP-090309-1	DIODE	B5819WS HF	SOD-23	36 000				

TOTAL:　　　　33 N.W245.00 G.W278.00 1.320m^3

TOTAL CARTONS:　33 CARTONS

MARKING: Dragon Tech

HANGZHOU DONGDA ELECTRONICS TECHNOLOGY CO.,LTD.

杭 州 东 大 科 技 股 份 有 限 公 司

资料3　　**Commercial Invoice**

To：Dragon Tech Co. ,Ltd　　Invoice No. : 20131265

＃387,DaeHyun Techno World 183,　　Date:2015. 04. 01

Ojun-Dong,Uiwang-City,KyuangKi-Do,Korea　　PAYMENT TERMS：BY T/T

From PUDONG AIR PORT SHANG to BUSAN AIR PORT KOREA BY AIR ,KE898

	DISCRETE DEVICE	QTY(PCS)	FOB HANGZHOU (USD/KPCS)	AMOUNT (USD)
SOT-23	MMBT3904	2 100 000	5. 10	10 710. 00
SOT-23	MMBT4403	2 100 000	6. 90	14 490. 00
SOT-23	MMBT4401	270 000	6. 90	1 863. 00
SOT-23	BAW56	480 000	7. 80	3 744. 00
SOT-89	CJ78L09	40 000	31. 00	1 240. 00
SOD-323	SD106WS	24 000	11. 50	276. 00
SOD-323	1N4148WS(HF)	420 000	7. 30	3 066. 00
SOD-323	B5819WS(HF)	36 000	19. 00	684. 00
SOT-89	CJ78L08	1 000	31. 00	31. 00
TOTAL：		5 471 000PCS		USD：36 104. 00

HANGZHOU DONGDA ELECTRONICS TECHNOLOGY CO. ,LTD.

杭 州 东 大 科 技 股 份 有 限 公 司

资料 4　　　　中华人民共和国海关出口货物报关单

预录入编号：　　　　　　　　　　　　　　　　　　　海关编号：

出口口岸	(A)	出口日期	申报日期	
经营单位	(B) 运输方式 水路运输	(C) 运输工具名称 KE898	(D)提运单号 1805234897	
(E)发货单位 杭州东大科技股份有限公司 3301931046	(F) 贸易方式 一般贸易	(G)征免性质 一般征税	(H)征税比例 电汇	
(I)许可证号	运抵国（地区）	(J)指运港 首尔	境内货源地	
批准文号	(K)成交方式 CFR	(L)运费 502/200/3	保费	杂费
合同协议号	(M)件数 33	(N)包装种类 纸箱	(O)毛重（千克） 278	净重（千克）
集装箱号	(P)随附单据		生产厂家 (Q) 杭州华宝科技	

标记唛码及备注

项号	商品编号	商品名称、规格型号	数量及单位 (R)	最终目的国（地区）	单价	总价 (S)	币制	征免 (T)
			245 千克 5 471 000 个	韩国		36 104.00	美元	一般征税

税费征收情况

录入员　录入单位　｜　兹声明以上申报无讹并承担法律责任	海关审单批注及放行日期（签章）
报关员 杭州速立达报关有限公司 申报单位（签章）	审单　　　审价
单位地址：	征税　　　统计
邮编　　电话　　填写日期	查验　　　放行

A	B	C	D	E	F	G	H	I	J	K	L	M	N	O	P	Q	R	S	T

请找出报关单填制中至少 5 个错误项(英文大写字母),并将正确填制回答如下：

1. ______________________________

2. ______________________________

3. ______________________________

4. ______________________________

5. ______________________________

2015 年 5 月国际贸易关务员统一考试试题

全国外经贸从业人员考试

国际贸易理论基础

试题册

考试时间:2015 年 5 月 30 日　　　上午 09:30—11:00

※※※

考生姓名:____________________

准考证号:____________________

考点(考区):____________________

注意事项

一、考生将姓名、身份证号、考试项目、考点(考区)、准考证号填涂在试题册及答题卡(答题纸)相应位置。

二、考生在规定考试时间内做完试题册上的试题,并将答案填涂在答题卡(答题纸)相应位置,写在试题册上的答案一律无效。全部答题时间为 90 分钟。

三、考生在答题卡上作答时,切忌超出答题区域。如因超出区域作答导致答题卡失效,由考生个人负责。客观题按题号顺序进行填涂,主观题在每题左上角写清题号按顺序作答。凡因题号不清导致考试成绩有误,由考生个人负责。

四、考生不得将试题册、答题卡(答题纸)带出考场。考试结束,监考员收卷后考生方可离开考场。

五、考生注意对自己的答案保密。若被抄袭,一经发现,后果自负。

★ 请将答案写在答题卡上,答案写在试卷上无效。

一、单项选择题。在下列每小题的四个备选答案中选出一个正确的答案，并将答案填涂在答题卡相应位置，错选、多选、未选均无分。(每小题1分，共40分)

1. 据海关统计，2014年我国进出口总值26.43万亿元人民币，比2013年增长2.3%。其中，出口14.39万亿元，增长4.9%；进口12.04万亿元，下降0.6%；贸易(　　)亿元。

A. 顺差14.39万　　B. 逆差12.04万

C. 顺差2.35万　　D. 逆差2.35万

2. 对外贸易的英文全称是(　　)。

A. commodity trade　　B. foreign trade

C. direct trade　　D. service trade

3. 据海关统计，2014年我国进出口总值26.43万亿元人民币，比2013年增长2.3%。其中，出口14.39万亿元，增长4.9%；进口12.04万亿元，下降0.6%。2014年我国GDP首破60万亿元，达到636463亿元，同比增长7.4%，增速滑落至1990年以来的新低。2014年我国外贸依存度为(　　)。

A. 41.53%　　B. 22.61%　　C. 14.20%　　D. 50.00%

4. 属于二维条码图形符号的是(　　)。

5. 常用的指示性标志中"FRAGILE"的标志为(　　)。

6. 属于警告性标志的是(　　)。

7. 在MT 700 Issue of a Documentary Credit中，代号44E代表的是信用证的(　　)。

A. Port of Loading/Airport of Departure

B. Shipment Period

C. Additional Conditions

D. Date of Amendment

8. 在 MT 707 Amendment to a Documentary Credit 中,错误的代码是(　　)。

A. 23　　B. 47B　　C. 31E　　D. 72

9. (　　)是有关贸易术语的国际贸易惯例中,包含内容最多,使用范围最广和影响最大的一种。

A.《1932 年华沙—牛津规则》　　B.《国际贸易术语解释通则 2010》

C.《联合国国际货物销售合同公约》D.《1990 年美国对外贸易定义修订本》

10. 卖方不负责出口清关手续,并不承担相关费用的贸易术语是(　　)。

A. CIF　　B. FAS　　C. EXW　　D. DDP

11. 我国甲公司欲与泰国乙公司签订销售合同出口某精密仪器到泰国,拟采取空运方式,甲公司承担将货物运至目的地运费但不负责保险,根据《Incoterms2010》,应采用的贸易术语是(　　)。

A. CFR　　B. CPT　　C. CIP　　D. CIF

12. 一般情况下,在以 FOB 贸易术语成交的合同中,货物的价格构成是(　　)。

A. 报价含保险费　　B. 报价含运费

C. 报价不含运费和保险费　　D. 报价含运费和保险费

13. 下列关于独家代理和包销两种贸易方式的表述中,正确的是(　　)。

A. 前者是买卖关系,后者是代理关系　B. 前者是代理关系,后者是买卖关系

C. 都是代理关系　　D. 都是买卖关系

14. 来料加工项下进口直接用于加工生产的出口产品在生产中消耗掉的燃料、磨料、触媒剂(　　)。

A. 可以全额保税　　B. 可以差额保税

C. 不可以保税　　D. 有时可以全额保税,有时可以差额保税

15. 在国际贸易中,我们经常采取一种有别于通常的代理销售的贸易方式,是指委托人(货主)先将货物运往拟销售地点,委托国外一个代销人(受托人),按照协议规定的条件,由代销人代替货主进行销售,在货物售出后,由代销人向货主结算货款,这种贸易方式我们称之为(　　)。

A. 包销　　B. 代理　　C. 寄售　　D. 拍卖

16. "荷兰式拍卖"是一种(　　)。

A. 增价拍卖　　B. 减价拍卖　　C. 密封递价拍卖　D. 招标式拍卖

17. “禁止翻滚”属于(　　)。

A. 运输标志　B. 唛头　C. 指示性标志　D. 危险品标志

18. 卖方按照原价给予买方一定百分比的减让，即在价格上给予适当的优惠，这是(　　)。

A. 佣金　B. 折扣　C. 预付款　D. 订金

19. (　　)是一种物权凭证，此单据的合法持有人可以凭单请求承运人无条件交付货物。

A. 海上货运单　B. 海运提单　C. 航空运单　D. 邮包收据

20. 当贸易术语采用CIF时，海运提单对运费的表示一般为(　　)。

A. Freight Prepaid　B. Freight Collect

C. Freight Pre-payable　D. Freight Unpaid

21. 发盘的撤销与撤回的区别在于(　　)。

A. 两者均发生在发盘生效前

B. 两者均发生在发盘生效后

C. 前者发生在发盘生效后，后者发生在发盘生效前

D. 前者发生在发盘生效前，后者发生在发盘生效后

22. 德国某买主向北京服装进出口公司来电“拟购T恤10 000件请电告最低价格、最快交货期”此来电属交易磋商的(　　)环节。

A. 发盘　B. 询盘　C. 还盘　D. 接受

23. 审核信用证的依据是(　　)。

A. 进出口合同　B. 一整套单据　C. 开证申请书　D. 商业发票

24. 出口报关的时间应是(　　)。

A. 备货前　B. 装船前　C. 装船后　D. 货到目的港后

25. 在国际结算中，(　　)是国内结算中所没有的一个特殊现象。

A. 对各种国际惯例的依赖　B. 对票据的依赖

C. 结算方式的多样化　D. 对法律的依赖

26. 提示(　　)是指远期汇票持票人向付款人出示汇票，并要求付款人承诺付款的行为。

A. 付款　B. 承兑　C. 信用证　D. 发票

27. 信用证是依据买卖合同开立的，出口商要保证安全收汇，必须做到向银行(　　)。

A. 提交与买卖合同规定相符的单据

B. 提交与信用证规定相符的单据

C. 提交与买卖合同规定相符的货物

D. 提交与信用证规定相符的货物

28. 销售迅速增长，企业开始盈利，同时快速扩张的产品市场和收益刺激其他厂商，吸引竞争者纷纷介入，新产品这一生命周期阶段是(　　)。

A. 投入期　B. 成长期　C. 成熟期　D. 衰退期

29. 企业生产或经营的产品线数目称为(　　)。

A. 产品项目　B. 产品组合

C. 产品组合的广度　D. 产品组合的深度

30. 进口配额制主要包括有关税配额和(　　)。

A. 绝对配额　B. 全球配额　C. 国别配额　D. 协议配额

31. 国家外汇管理机构对外汇买卖实行复汇率制度，利用外汇买卖成本的差异，间接影响不同商品的进出口，这种外汇管制方式称为(　　)。

A. 产量性外汇管制　B. 混合性外汇管制

C. 质量性外汇管制　D. 成本性外汇管制

32. "自动"出口配额起到了(　　)作用。

A. 促进出口　B. 限制进口　C. 禁止出口　D. 禁止进口

33. 知识产权权利人要求海关扣留侵权嫌疑货物的，应当在(　　)个工作日内提出申请，并提供担保。

A. 3　B. 5　C. 8　D. 10

34. 知识产权(　　)是知识产权权利人对其知识产权寻求海关主动保护的前提条件。

A. 制度　B. 申请　C. 备案　D. 宣传

35. 1979 年，美国制定的国家 EDI 标准是(　　)。

A. TDCC 标准　B. ANSIX. 12 标准

C. UN/EDIFACT　D. ISO 标准

36. 网上商店能每天 24 小时，每周 7 天随时随地地提供全球性营销服务，这是由于网络营销具有(　　)的特点。

A. 超前性　B. 差异性　C. 跨时空性　D. 整合性

37. 属于网上直接调查的是(　　)。

A. 问卷调查　B. 网上查询　C. 二手资料收集　D. 网站浏览

38. 船舶所有人将船舶出租给承租人，供其使用一定时期的运输方式称为(　　)。

A. 定程租船　B. 班轮运输　C. 定期租船　D. 航次租船

39. 当一张经过流通的汇票遭到退票时,(　　)拥有追索权。

A. 出票人对后手　　B. 受票人对出票人

C. 后手对前手　　D. 持票人对所有前手及出票人

40. 一般来说,企业利润达到最高水平是在产品生命周期的(　　)。

A. 介绍期　　B. 成长期　　C. 成熟期　　D. 衰退期

二、多项选择题。下列每小题的选项中,有两个或两个以上答案是正确的,请将答案填涂在答题卡相应位置,多选、少选或不选均不得分。(每小题2分,共20分)

41. 世界贸易组织负责实施、管理的《服务贸易总协定》列出的国际服务贸易形式有(　　)。

A. 过境交付　　B. 远期支付　　C. 境外消费

D. 商业存在　　E. 自然人流动

42. 下列有关美国某公司业务员从美国出口到我国天津某货物的报价中,正确的有(　　)。

A. 每吨50美元CIF天津

B. 每吨50美元FCA天津

C. 每吨50美元FOB天津

D. 每吨50美元CFR天津

E. 每吨50美元EXW旧金山

43. 买方办理保险的贸易术语有(　　)。

A. FOB　　B. FCA　　C. CPT　　D. CIF　　E. CFR

44. 对等贸易的具体形式有(　　)。

A. 易货贸易　　B. 互购方式　　C. 加工贸易

D. 补偿贸易　　E. 套期保值

45. 谈判的过程中,主要商谈合同的(　　)条款。

A. 商品品质　　B. 价格　　C. 支付条件

D. 商品的数量　　E. 运输条款

46. RFID技术使用的优点有(　　)。

A. 不需要光源,可以透过外部材料读取数据

B. 标签芯片与自带天线全封闭,能在恶劣环境下工作

C. 具有小、薄、柔韧性强、可植入多种材料内部的特性

D. 读取距离比条码更远

E. 可以写入及存取数据

47. 下列各项中,属于优惠贸易协定原产地证书的有(　　)。

A.《中国—亚太贸易协定》

B.《中国—东盟自贸协定》

C.《内地与香港货物原产地规则》

D.《中国—智利自贸协定》

E.《中国—新加坡自贸协定》

48. 国际货物买卖中,托收的方式可以有(　　)。

A. 光票托收　　B. 即期付款交单　　C. 远期付款交单

D. 承兑交单　　E. 付款交单凭信托收据借单

49. 下列关于全球化营销战略的表述中,正确的有(　　)。

A. 目标在全球市场

B. 以全球观点来看待各国市场

C. 必须定期制定与修正国际战略及其规划

D. 实现跨国营销管理

E. 目标是进入国内市场

50. 国家直接参与商品进出口经营的非关税壁垒措施有(　　)。

A. 进口和出口国家垄断　　B. 外汇管制　　C. 海关估价制

D. 进口存款制　　E. 歧视性政府采购政策

三、判断题。判断下列各题是否正确,并将答案填涂在答题卡相应位置。(每小题 1 分,共 40 分)

51. 净贸易条件是出口价格指数与进口价格指数之比,计算方法为:N=(PX/PM)×100,式中 N——净贸易条件;PX——出口价格指数;PM——进口价格指数。

52. 为了消除国际贸易业务发展的障碍、确保国际贸易正常有序地进行,国际贸易从业人员必须熟悉国际货物贸易适用的法律和国际惯例,在业务进程中熟练运用这些法律和惯例。

53. 经济全球化是外贸依存度上升的重要原因。

54. 按 CFR 条件,卖方无需办理保险,也不需要支付保险费。而按 CIF 条件,卖方不仅要办理保险,还要支付保险费。因此,对卖方来说,采用 CIF 条件相对于 CFR 条件所承担的风险要大。

55. FOB 和 FAS 均由买方订舱。

56.《Incoterms 2010》的贸易术语中,买卖双方交接的单据,可以是纸质单据,也可以是电子单据。

57. DDP是《Incoterms 2010》的贸易术语中价格最高的贸易术语。

58. 在对等贸易中,一方既是买方,又是卖方,双方都是既买又卖。

59. 套期保值的基本做法是期货交易者在购进(或出售)现货的同时,在期货市场上出售(或购进)同等数量的期货。

60. 加工贸易货物仅指加工贸易项下的进口料件。

61. 招标人一般不接受两个或两个以上并列厂商的投标。

62. 商品的名称、品质、数量和包装是贸易双方当事人权利、义务指向的标的,也是贸易合同的首要条款。

63. 约尾是指合同的首部,一般包括合同名称、合同编号、缔约双方的名称和地址、签约时间、签约地点以及合同序言等内容。

64. 国际货物买卖中,由于交易的商品种类繁多、市场交易习惯不相同,在表示商品品质的方法上也不尽相同。总体来说,大致可分为以实物表示和凭说明约定两大类。

65. 某商品每箱体积为30.5cm×40.5cm×50.5cm,毛重为68kgs,净重为56kgs,如果班轮运费计收标准为W/M,则船公司应按重量吨计收运费。

66. 还盘是对发盘的拒绝,还盘一经做出,原发盘即失去效力,发盘人不再受其约束。

67. 在交易磋商中,接受是买方或卖方同意对方在发盘中提出的各项交易条件并愿意按照这些条件达成交易、订立合同的一种明确意思表示。

68. 在交易磋商过程中,发盘是由卖方做出的行为,接受是由买方做出的行为。

69. 代理进口业务,应当由委托方负责进口、购付汇。

70. 信汇是指汇出行根据汇款人的申请,通过拍发加押电报或加押电传或环球银行间金融电讯网络(SWIFT)的方式,指示汇入行解付特定款项给指定收款人的汇款方式。

71. 根据惯例,信用证未注明可否撤销,应视为不可撤销;未注明可否转让,应视为可以转让。

72. 付款人承兑汇票后,应当承担到期付款的责任。

73. UCP600规定,信用证修改通知书有多项内容时,只能全部接受或全部拒绝,不能只接受其中一部分而拒绝另一部分。

74. 在通常情况下,消费者往往根据其对产品效用的主观评价来决定是否购买该产品。

75. 市场营销的手段有几十种之多,麦卡锡把这些手段归为四个因素,简称“4P”,即产品(product)、价格(price)、分销(place)和促销(promotion)。

76. 产品纵向一体化有助于企业加快发展进程,扩大生产经营规模,获得一定的规模经济效益。

77. 国别配额是在总配额内按国别或地区分配给固定的配额,超过规定的配额便不准进口。

78. 混合性外汇管制是指同时采用数量性和成本性的外汇管制,对外汇实行更为严格的控制,以影响控制商品进出口。

79. 歧视性政府采购政策是国家通过立法形式,规定政府机构采购时要优先购买外国产品的做法。

80. 概括地说,知识产权是指公民、法人或其他组织对其在科学技术和文学艺术等领域内,主要基于脑力劳动创造完成的智力成果所依法享有的专有权利。

81. 著作权一般是自动产生的。作品完成后,不必向外国办理任何手续,就可以根据有关原则获得有关国家的著作权法保护。

82. 海关在通关过程中发现进出口货物涉及备案知识产权的,有权核实进出口商或者制造商是否属于在海关总署备案的合法使用人,或者要求收发货人在规定期限内申报货物的知识产权状况和提交相关证明文件。

83. 电子签字系指在数据电文中,以电子形式所含、所附或在逻辑上与数据电文有联系的数据。它可用于鉴别与数据电文有关的签字人和表明此人认可数据电文所含信息。

84. 与“4P”理论相比,“4C”真正将消费者置于核心位置。

85. 无定额的进口许可证,即进口许可证与进口配额相结合。

86. 根据是否选择中介商或所选择的中介商的不同,贸易式进入可分为间接出口和直接出口两种。

87. 银行本票见票即付,资金转账速度是所有票据中最快、最及时的。

88. 一张汇票,没有确定的金额,仍然有效。

89. 违约的一方如果受理遭受损害方所提出的赔偿要求,赔付金额或实物,以及承担有关修理、加工整理等费用,或同意换货等就是索赔。

90. 接受一旦生效,就不能撤销。

(请将答案写在答题卡上,答案写在试卷上无效)

全国外经贸从业人员考试

国际贸易业务员关务方向(关务员)实务

试题册

考试时间:2015 年 5 月 30 日　　　下午 13:00—15:00

※※

考生姓名:________________

准考证号:________________

考点(考区):________________

注意事项

一、考生将姓名、身份证号、考试项目、考点(考区)、准考证号填涂在试题册及答题卡(答题纸)相应位置。

二、考生在规定考试时间内做完试题册上的试题,并将答案填涂在答题卡(答题纸)相应位置,写在试题册上的答案一律无效。全部答题时间为 120 分钟。

三、考生在答题卡上作答时,切忌超出答题区域。如因超出区域作答导致答题卡失效,由考生个人负责。客观题按题号顺序进行填涂,主观题在每题左上角写清题号按顺序作答。凡因题号不清导致考试成绩有误,由考生个人负责。

四、考生不得将试题册、答题卡(答题纸)带出考场。考试结束,监考员收卷后考生方可离开考场。

五、考生注意对自己的答案保密。若被抄袭,一经发现,后果自负。

★ 请将答案写在答题纸上,答案写在试卷上无效。

一、实务分析题(本大题有20小题,每小题2分,共40分)

1. 办理了海关注册登记的报关企业中所有的正式员工是否都可以直接向海关办理报关业务?

2. 海关在某企业稽查中发现,该企业的一批席梦思床垫的进口报关单据上的进口数量与实际进口的数量不符,并查实该批货物偷逃关税2万元人民币,根据《刑法》规定不构成走私罪。请问海关是否可以对其进行处罚?

3. 海关已经取消了报关员资格考试,请问现在报关时是否还需要报关员证书?

4. 海关根据银行提供的线索,怀疑××服装进出口公司在两年前进口的一笔西装进口业务中存在着涂改进口商提供单证的品名,属于逃避进口许可证件的行为。请问海关是否可以行使稽查权对该公司的业务资料进行稽查?

5. 某报关公司根据委托单位提供的商业发票和装箱单等资料填制报关单,向海关申报一批高密度合成木质板材的进口事宜,该批货物在海关查验时发现在木板中间夹有1根象牙,遂被以走私罪处理。请问报关公司是否有责任?

6. 请写出我国海关规定的进出境货物的四个海关作业环节。

7. 客户提供的商业发票和装箱单中的商品型号不一致,为了图方便省事某报关公司修改了发票中的商品型号,结果被海关发现需要进行处罚。请问海关处罚的行为作用于客户还是报关公司?

8. 上海华盛贸易有限公司向韩国大田贸易公司进口5万件化妆笔具,用于国内销售,请问该批货物进口属于一般进口货物还是特定减免税货物?

9. 昆山福禄电器有限公司(属于国家鼓励项目外商独资企业)进口用于生产外销集成电路板的生产设备,请问该批货物进口属于一般进口货物还是特定减免税货物?

10. 江苏东阳保温瓶制品公司将保税加工贸易合同下生产的不锈钢保温瓶胆转卖给上海斯罗德日用品制作公司生产出口保温瓶。请问该批保温瓶胆属于特定减免税货物,还是保税加工货物?

11. 运载进口货物的船舶于4月1日向海关办理进境申报,进口货物收货人7月15日还未向海关办理进口报关手续。请问海关对这批货物是否可以进行变卖处理?

12. 海关规定进口货物逾期未办理报关手续的需要支付滞报金,请问滞报金支付的标准是哪个款项乘以5‰,再乘以滞报天数?

13. 通过空运进口的货物办理了所有海关手续后,货主应凭加盖“海关放行章”的哪份单据到保税仓库提取货物?

14. 海关采用电子化手册的加工贸易管理模式是适用于单个加工贸易合同，还是适用于以加工贸易企业整体加工业务为单位？

15. 2013年珠海某服装进出口公司（加工贸易AA类企业，2014年12月1日起为高级认证企业）与加拿大一家公司签订了来料加工服装的合同，合同规定外商免费提供化纤面料（该面料属于进口许可类商品），我方按要求加工5 000件女式风衣，请问银行保证金台账是空转还是实转？

16. 进口特定减免税货物的免税证明是否由海关签发？

17. 出口监管仓库是否可以在储存加工贸易合同下等待出口的成品？

18. 使用ATA单证册进境的展览品在实际进口报关环节，是否不需要向海关提供进口货物报关单？

19. 请问进口货物所征收的进口关税、消费税和增值税都属于关税吗？如果不是，哪些不属于关税？

20. 在海关办理了从事报关业务的经营加工贸易企业的关务人员，是否可以在全国任意口岸办理报关手续？

二、计算题（本大题有2小题，每小题8分，共16分）

1. 某电子销售公司从国外进口一批智能手机。该批手机在国外生产时，采用来自印度和日本的元配件，最后在印度尼西亚组装成品。根据我国海关规定该批货物的应缴进口税款为1 000元人民币。海关于2015年3月2日填开税款缴款书，该公司3月25日缴纳税款。

要求：根据上述案例，回答下列问题：

(1)海关对该批货物征收关税时，采用什么征税方式？

(2)该批手机的原产国是哪个国家？

(3)该批进口货物缴纳税款的时间超过缴纳期限几天？

(4)海关应征滞纳金是多少？

2. 某市大型商贸公司进口化妆品一批，支付国外的买价220万元人民币、国外的经纪人费4万元人民币；支付运抵我国海关前的运输费用20万元人民币、装卸费用和保险费用11万元人民币。

要求：计算该公司进口环节应缴纳的关税、消费税、增值税。已知关税税率是20%，消费税税率30%。（计算结果保留2位小数，且四舍五入。只有结果没有过程不得分）

三、综合实务题(本大题共有 2 小题,每小题 12 分,共 24 分)

1. 一般进出口货物报关分析题

上海东海进出口公司委托上海新东集装箱储运有限公司(货运和代理报关)出口一批电子屏幕书写工具,具体内容见报关单。

中华人民共和国海关出口货物报关单

预录入编号:76137066　　　　海关编号:223120110810823398

出口口岸 洋山海关　2248		备案号	出口日期 20150502	申报日期 20150429
经营单位　上海东海进出口公司 310222××××		运输方式 水路运输 2	运输工具名称 COSCO　PRINCE 60/0W	提运单号 COSU6028521123
发货单位　江苏南通欣兴文具制造厂 391492××××		贸易方式 一般贸易　0110	征免性质 一般征税　(101)	结汇方式
许可证号	起运国(地区) 加拿大(501)	指运港 多伦多(3086)		境内货源地 上海其他　(31909)
批准文号	成交方式 FOB	运费	保费	杂费
合同协议号 DH11034568	件数 94	包装种类 纸箱	毛重(千克) 1042	净重(千克) 948
集装箱号 CBHU8047639/20/2275	随附单据:			生产厂家 江苏南通欣兴文具制造厂
标记唛码及备注				

项号	商品编号	商品名称、规格型号	数量及单位	最终目的国(地区)	单价	总价	币制	征免
1	34022090	清洁笔 STAIN CLEANER 清洁包装:纸箱,脂肪醇聚氧乙烯 408.000 千克	408.000 千克 0.000	加拿大 (501)	16.4020	6692.00	USD 美元	照章征税
2	34022090	屏幕清洁剂 COMPUTER CLEANER 清洁包装:纸箱,脂肪醇聚氧乙烯 540.000 千克	540.000 千克 0.000	加拿大 (501)	4.4074	2380.00	USD 美元	照章征税

税费征收情况

录入员　录入单位	兹声明以上申报无讹并承担法律责任	海关审单批注及放行日期(签单)
报关员	申报单位(签章)	审单　　审价 征税　　统计
单位地址	上海新东集装箱储运公司	查验　　放行 签发官员:钟因民 签发日期:2015-05-02
邮编　　电话	填制日期	

要求：请依据报关单的相关信息，回答下列问题：

(1)分析报关要点，完成下表内容。

要点	内容	要点	内容
出境申报的口岸海关		出境申报需要向海关交付的单证	
经营单位			
供货单位			
申报日期			
货物出运日期			
代理报关单位			
海关放行日期			

(2)这票货物海关审核后需要查验，那么这票货物的查验地点应该在(　　)。

A. 上海新东集装箱储运公司堆场　　B. 洋山港区集装箱堆场

C. 江苏南通欣兴文具制造厂仓库　　D. 中远集装箱运输公司空箱堆场

(3)如果在查验的过程中，海关需要掏箱检查，由此产生一笔掏箱费 400 元，那么这笔费用应由(　　)支付。

A. 上海新东集装箱储运公司　　B. 上海东海进出口公司

C. 江苏南通欣兴文具制造厂　　D. 上海海关

(4)在查验时，由于疏忽报关员和发货单位没有到场，请问海关是否可以在货主不在场的时候进行查验？如果进行查验，须具备什么条件？

2. 保税加工贸易分析题

浙江甬江毛纺织进出口公司(在宁波海关注册登记的 AA 类加工贸易企业)于 2015 年 1 月 27 从国外一供货商处购进羊毛条 20 吨(限制进口类货物)，向海关申报。羊毛条进口后该企业对此批货物将进行以下处理：其中 12 吨用于加工内销毛纱，5 吨委托江苏信宜毛纺织厂(在南京海关注册登记的 B 类加工贸易企业)用于加工毛纱后直接返销日本，其余 3 吨用于加工毛纱后，结转给优亿库(上海)纺织品制作有限公司(在上海海关注册登记的 A 类加工贸易企业)继续加工成混纺面料，全部返销日本(上述两项加工已在海关办理了进料加工合同登记备案手续)。

要求：请依据上述案例，回答下列问题：

(1)在此项加工贸易活动中浙江甬江毛纺织进出口公司属于什么企业？

(2)江苏信宜毛纺织厂属于什么企业？

(3)浙江甬江公司委托江苏信宜毛纺织厂加工毛纱后直接返销日本，在海关对加工贸易监管中被称之为哪种加工贸易类型？

(4)浙江甬江公司结转给优亿库公司的毛纱，属于什么性质的加工贸易结转货物？

(5)根据案例内容,完成下列不定项选择题(每小题的四个选项中,有一个或一个以上答案是正确的):

① 下列关于羊毛条进口申报表述正确的有(　　)。

A. 12 吨羊毛条,以“一般贸易”进口

B. 8 吨羊毛条,贸易方式填报为“进料加工”

C. 5 吨羊毛条,贸易方式填报为“来料加工”

D. 3 吨羊毛条,贸易方式填报为“进料非对口”

② 将 3 吨羊毛条加工成毛纱后,结转优亿库(上海)纺织品制作有限公司继续加工成混纺面料,全部返销日本的做法,在海关监管中被称之为(　　)。

A. 跨关区异地加工

B. 跨关区深加工结转

C. 跨关区委托加工

D. 跨关区进料加工结转

③ 对于限制类进口料件,甬江公司和优亿库公司的银行保证金台账运转情况是(　　)。

A. 甬江公司空转

B. 甬江公司实转

C. 优亿库半实转

D. 优亿库空转

④ 如果委托江苏信宜毛纺织厂用于加工毛纱的料件有剩余需要转内销时,下列说法正确的有(　　)。

A. 剩余料件内销时,应交付缓税利息

B. 剩余料件内销时,免交付缓税利息

C. 关于征税的数量,按料件进境时申报数量计征进口税

D. 剩余的料件内销时,按进口时海关审核的价格为完税价格

四、报关单填制题(共 20 分)

根据以下信息,以上海航联报关有限责任公司的名义填制此票货物的报关单。(填制要求:与海关 H2000 系统上打印出来的报关单相一致)

上海宏联有限公司(经营单位代码 310356××××)以一般贸易的方式,向美国某贸易公司出口一批圣诞树,商品的申报名称为“36 英寸圣诞树 36 INCH CHRISTMAS TREE”。货物由上海富耀礼品厂生产,地点:上海虹口(31099)。经业务员查询,该货物的 HS 编码为:9505100010;第一法定计量单位为个,第二法定

计量单位为千克。货物于 2014 年 10 月 19 日通过编号为：345567980 的预录入报关单向洋山港区海关（2248）申报出口。结汇方式：信用证。合同协议号：WX77077。

唛头：

JOY

FP12345

NEW YORK

C/NO. 1—300

另外，运输单据显示承运船舶的船名航次为：COSCO PACIFIC/0098E，货物分装两个 20 英尺，自重为 2 275 千克的集装箱，箱号分别为 TTNU5879631 和 YMLU2837730。船公司预配提单号为 COSU1234567890。

补充资料：运费 1 090 美元/箱（包箱价），货物的运输保险费为 100 美元。

代码资料：水路运输 2；一般贸易 0110；一般征税 101；美国 502；纽约 3166；美元 502。

报关单位：上海航联报关有限责任公司。

发票：出口数量 600 个；总毛重 9 840 千克；净重 8 400 千克；单价 USD20.23。

（请将答案写在答题纸上，答案写在试卷上无效）

部分海关法规附录

附录一　中华人民共和国海关事务担保条例

第一条　为了规范海关事务担保，提高通关效率，保障海关监督管理，根据《中华人民共和国海关法》及其他有关法律的规定，制定本条例。

第二条　当事人向海关申请提供担保，承诺履行法律义务，海关为当事人办理海关事务担保，适用本条例。

第三条　海关事务担保应当遵循合法、诚实信用、权责统一的原则。

第四条　有下列情形之一的，当事人可以在办结海关手续前向海关申请提供担保，要求提前放行货物：

(一)进出口货物的商品归类、完税价格、原产地尚未确定的；

(二)有效报关单证尚未提供的；

(三)在纳税期限内税款尚未缴纳的；

(四)滞报金尚未缴纳的；

(五)其他海关手续尚未办结的。

国家对进出境货物、物品有限制性规定，应当提供许可证件而不能提供的，以及法律、行政法规规定不得担保的其他情形，海关不予办理担保放行。

第五条　当事人申请办理下列特定海关业务的，按照海关规定提供担保：

(一)运输企业承担来往内地与港澳公路货物运输、承担海关监管货物境内公路运输的；

(二)货物、物品暂时进出境的；

(三)货物进境修理和出境加工的；

(四)租赁货物进口的；

(五)货物和运输工具过境的；

(六)将海关监管货物暂时存放在海关监管区外的；

(七)将海关监管货物向金融机构抵押的；

(八)为保税货物办理有关海关业务的。

当事人不提供或者提供的担保不符合规定的，海关不予办理前款所列特定海关业务。

第六条 进出口货物的纳税义务人在规定的纳税期限内有明显的转移、藏匿其应税货物以及其他财产迹象的，海关可以责令纳税义务人提供担保；纳税义务人不能提供担保的，海关依法采取税收保全措施。

第七条 有违法嫌疑的货物、物品、运输工具应当或者已经被海关依法扣留、封存的，当事人可以向海关提供担保，申请免予或者解除扣留、封存。

有违法嫌疑的货物、物品、运输工具无法或者不便扣留的，当事人或者运输工具负责人应当向海关提供等值的担保；未提供等值担保的，海关可以扣留当事人等值的其他财产。

有违法嫌疑的货物、物品、运输工具属于禁止进出境，或者必须以原物作为证据，或者依法应当予以没收的，海关不予办理担保。

第八条 法人、其他组织受到海关处罚，在罚款、违法所得或者依法应当追缴的货物、物品、走私运输工具的等值价款未缴清前，其法定代表人、主要负责人出境的，应当向海关提供担保；未提供担保的，海关可以通知出境管理机关阻止其法定代表人、主要负责人出境。

受海关处罚的自然人出境的，适用前款规定。

第九条 进口已采取临时反倾销措施、临时反补贴措施的货物应当提供担保的，或者进出口货物收发货人、知识产权权利人申请办理知识产权海关保护相关事务等，依照本条例的规定办理海关事务担保。法律、行政法规有特别规定的，从其规定。

第十条 当事人连续两年同时具备下列条件的，可以向直属海关申请免除担保，并按照海关规定办理有关手续：

(一)通过海关验证稽查；

(二)年度进出口报关差错率在3%以下；

(三)没有拖欠应纳税款；

(四)没有受到海关行政处罚，在相关行政管理部门无不良记录；

(五)没有被追究刑事责任等。

当事人不再符合前款规定条件的，海关应当停止对其适用免除担保。

第十一条 当事人在一定期限内多次办理同一类海关事务的，可以向海关申请提供总担保。海关接受总担保的，当事人办理该类海关事务，不再单独提供担保。

总担保的适用范围、担保金额、担保期限、终止情形等由海关总署规定。

第十二条 当事人可以以海关依法认可的财产、权利提供担保，担保财产、权利的具体范围由海关总署规定。

第十三条 当事人以保函向海关提供担保的,保函应当以海关为受益人,并且载明下列事项:

(一)担保人、被担保人的基本情况;

(二)被担保的法律义务;

(三)担保金额;

(四)担保期限;

(五)担保责任;

(六)需要说明的其他事项。

担保人应当在保函上加盖印章,并注明日期。

第十四条 当事人提供的担保应当与其需要履行的法律义务相当,除本条例第七条第二款规定的情形外,担保金额按照下列标准确定:

(一)为提前放行货物提供的担保,担保金额不得超过可能承担的最高税款总额;

(二)为办理特定海关业务提供的担保,担保金额不得超过可能承担的最高税款总额或者海关总署规定的金额;

(三)因有明显的转移、藏匿应税货物以及其他财产迹象被责令提供的担保,担保金额不得超过可能承担的最高税款总额;

(四)为有关货物、物品、运输工具免予或者解除扣留、封存提供的担保,担保金额不得超过该货物、物品、运输工具的等值价款;

(五)为罚款、违法所得或者依法应当追缴的货物、物品、走私运输工具的等值价款未缴清前出境提供的担保,担保金额应当相当于罚款、违法所得数额或者依法应当追缴的货物、物品、走私运输工具的等值价款。

第十五条 办理担保,当事人应当提交书面申请以及真实、合法、有效的财产、权利凭证和身份或者资格证明等材料。

第十六条 海关应当自收到当事人提交的材料之日起5个工作日内对相关财产、权利等进行审核,并决定是否接受担保。当事人申请办理总担保的,海关应当在10个工作日内审核并决定是否接受担保。

符合规定的担保,自海关决定接受之日起生效。对不符合规定的担保,海关应当书面通知当事人不予接受,并说明理由。

第十七条 被担保人履行法律义务期限届满前,担保人和被担保人因特殊原因要求变更担保内容的,应当向接受担保的海关提交书面申请以及有关证明材料。海关应当自收到当事人提交的材料之日起5个工作日内做出是否同意变更的决定,并书面通知当事人,不同意变更的,应当说明理由。

第十八条　被担保人在规定的期限内未履行有关法律义务的，海关可以依法从担保财产、权利中抵缴。当事人以保函提供担保的，海关可以直接要求承担连带责任的担保人履行担保责任。

担保人履行担保责任的，不免除被担保人办理有关海关手续的义务。海关应当及时为被担保人办理有关海关手续。

第十九条　担保财产、权利不足以抵偿被担保人有关法律义务的，海关应当书面通知被担保人另行提供担保或者履行法律义务。

第二十条　有下列情形之一的，海关应当书面通知当事人办理担保财产、权利退还手续：

（一）当事人已经履行有关法律义务的；

（二）当事人不再从事特定海关业务的；

（三）担保财产、权利被海关采取抵缴措施后仍有剩余的；

（四）其他需要退还的情形。

第二十一条　自海关要求办理担保财产、权利退还手续的书面通知送达之日起 3 个月内，当事人无正当理由未办理退还手续的，海关应当发布公告。

自海关公告发布之日起 1 年内，当事人仍未办理退还手续的，海关应当将担保财产、权利依法变卖或者兑付后，上缴国库。

第二十二条　海关履行职责，金融机构等有关单位应当依法予以协助。

第二十三条　担保人、被担保人违反本条例，使用欺骗、隐瞒等手段提供担保的，由海关责令其继续履行法律义务，处 5 000 元以上 50 000 元以下的罚款；情节严重的，可以暂停被担保人从事有关海关业务或者撤销其从事有关海关业务的注册登记。

第二十四条　海关工作人员有下列行为之一的，给予处分；构成犯罪的，依法追究刑事责任：

（一）违法处分担保财产、权利；

（二）对不符合担保规定的，违法办理有关手续致使国家利益遭受损失；

（三）对符合担保规定的，不予办理有关手续；

（四）与海关事务担保有关的其他违法行为。

第二十五条　担保人、被担保人对海关有关海关事务担保的具体行政行为不服的，可以依法向上一级海关申请行政复议或者向人民法院提起行政诉讼。

第二十六条　本条例自 2011 年 1 月 1 日起施行。

附录二 中华人民共和国海关进出口货物集中申报管理办法

第一条 为了便利进出口货物收发货人办理申报手续,提高进出口货物通关效率,规范对进出口货物的申报管理,根据《中华人民共和国海关法》(以下简称《海关法》)的有关规定,制定本办法。

第二条 本办法所称的集中申报是指经海关备案,进出口货物收发货人(以下简称收发货人)在同一口岸多批次进出口本办法第三条规定范围内货物,可以先以"中华人民共和国海关进口货物集中申报清单"或者"中华人民共和国海关出口货物集中申报清单"(以下统称"集中申报清单")申报货物进出口,再以报关单集中办理海关手续的特殊通关方式。

进出口货物收发货人可以委托B类以上管理类别(含B类)的报关企业办理集中申报有关手续。

第三条 经海关备案,下列进出口货物可以适用集中申报通关方式:

(一)图书、报纸、期刊类出版物等时效性较强的货物;

(二)危险品或者鲜活、易腐、易失效等不宜长期保存的货物;

(三)公路口岸进出境的保税货物。

第四条 收发货人应当在货物所在地海关办理集中申报备案手续,加工贸易企业应当在主管地海关办理集中申报备案手续。

第五条 收发货人申请办理集中申报备案手续的,应当向海关提交"适用集中申报通关方式备案表"(以下简称"备案表"),同时提供符合海关要求的担保,担保有效期最短不得少于3个月。

海关应当对收发货人提交的备案表进行审核。经审核符合本办法有关规定的,核准其备案。

涉嫌走私或者违规,正在被海关立案调查的收发货人、因进出口侵犯知识产权货物被海关依法给予行政处罚的收发货人、适用C类或者D类管理类别的收发货人进出口本办法第三条所列货物的,不适用集中申报通关方式。

第六条 在备案有效期内,收发货人可以适用集中申报通关方式。备案有效期限按照收发货人提交的担保有效期核定。

申请适用集中申报通关方式的货物、担保情况等发生变更时,收发货人应当向原备案地海关书面申请变更。

备案有效期届满可以延续。收发货人需要继续适用集中申报方式办理通关手续的，应当在备案有效期届满10日前向原备案地海关书面申请延期。

第七条 收发货人有下列情形之一的，停止适用集中申报通关方式：

（一）担保情况发生变更，不能继续提供有效担保的；

（二）涉嫌走私或者违规，正在被海关立案调查的；

（三）进出口侵犯知识产权货物，被海关依法给予行政处罚的；

（四）海关分类管理类别被降为C类或者D类的。

收发货人可以在备案有效期内主动申请终止适用集中申报通关方式。

第八条 收发货人在备案有效期届满前未向原备案地海关申请延期的，备案表效力终止。收发货人需要继续按照集中申报方式办理通关手续的，应当重新申请备案。

第九条 依照本办法规定以集中申报通关方式办理海关手续的收发货人，应当在载运进口货物的运输工具申报进境之日起14日内，出口货物在运抵海关监管区后、装货的24小时前填制集中申报清单向海关申报。

收货人在运输工具申报进境之日起14日后向海关申报进口的，不适用集中申报通关方式。收货人应当以报关单向海关申报。

第十条 海关审核集中申报清单电子数据时，对保税货物核扣加工贸易手册（账册）或者电子账册数据；对一般贸易货物核对集中申报备案数据。

经审核，海关发现集中申报清单电子数据与集中申报备案数据不一致的，应当予以退单。收发货人应当以报关单方式向海关申报。

第十一条 收发货人应当自海关审结集中申报清单电子数据之日起3日内，持集中申报清单及随附单证到货物所在地海关办理交单验放手续。属于许可证件管理的，收发货人还应当提交相应的许可证件，海关应当在相关证件上批注并留存复印件。

收发货人未在本条第一款规定期限办理相关海关手续的，海关删除集中申报清单电子数据，收发货人应当重新向海关申报。重新申报日期超过运输工具申报进境之日起14日的，应当以报关单申报。

第十二条 收发货人在清单申报后修改或者撤销集中申报清单的，参照进出口货物报关单修改和撤销的相关规定办理。

第十三条 收发货人应当对一个月内以集中申报清单申报的数据进行归并，填制进出口货物报关单，一般贸易货物在次月10日之前、保税货物在次月底之前到海关办理集中申报手续。

一般贸易货物集中申报手续不得跨年度办理。

第十四条 集中申报清单归并为同一份报关单的，各清单中的进出境口岸、经营单位、境内收发货人、贸易方式(监管方式)、启运国(地区)、装货港、运抵国(地区)、运输方式栏目以及适用的税率、汇率必须一致。

各清单中本条前款规定项目不一致的,收发货人应当分别归并为不同的报关单进行申报。对确实不能归并的,应当填写单独的报关单进行申报。

各清单归并为同一份报关单时,各清单中载明的商品项在商品编号、商品名称、规格型号、单位、原产国(地区)、单价和币制均一致的情况下可以进行数量和总价的合并。

第十五条 收发货人对集中申报清单申报的货物以报关单方式办理海关手续时,应当按照海关规定对涉税的货物办理税款缴纳手续。涉及许可证件管理的,应当提交海关批注过的相应许可证件。

第十六条 对适用集中申报通关方式的货物,海关按照接受清单申报之日实施的税率、汇率计征税费。

第十七条 收发货人办结集中申报海关手续后,海关按集中申报进出口货物报关单签发报关单证明联。“进出口日期”以海关接受报关单申报的日期为准。

第十八条 海关对集中申报的货物以报关单上的“进出口日期”为准列入海关统计。

第十九条 中华人民共和国境内其他地区进出海关特殊监管区域、保税监管场所的货物需要按照集中申报方式办理通关手续的,除海关另有规定以外,参照本办法办理。

第二十条 违反本办法,构成走私行为、违反海关监管规定行为或者其他违反海关法行为的,由海关依照海关法、《中华人民共和国海关行政处罚实施条例》等有关法律、行政法规的规定予以处理;构成犯罪的,依法追究刑事责任。

第二十一条 本办法由海关总署负责解释。

第二十二条 本办法自 2008 年 5 月 1 日起施行。

附录三　中华人民共和国海关进出口货物报关单修改和撤销管理办法

第一条　为了加强对进出口货物报关单修改和撤销的管理，规范进出口货物收发货人或者其代理人的申报行为，保护其合法权益，根据《中华人民共和国海关法》（以下简称《海关法》）制定本办法。

第二条　进出口货物收发货人或者其代理人（以下统称当事人）修改或者撤销进出口货物报关单，以及海关要求对进出口货物报关单进行修改或者撤销的，适用本办法。

第三条　海关接受进出口货物申报后，报关单证及其内容不得修改或者撤销；符合规定情形的，可以修改或者撤销。

进出口货物报关单修改或者撤销后，纸质报关单和电子数据报关单应当一致。

第四条　进出口货物报关单的修改或者撤销，应当遵循修改优先原则；确实不能修改的，予以撤销。

第五条　有以下情形之一的，当事人可以向原接受申报的海关办理进出口货物报关单修改或者撤销手续，海关另有规定的除外：

（一）出口货物放行后，由于装运、配载等原因造成原申报货物部分或者全部退关、变更运输工具的；

（二）进出口货物在装载、运输、存储过程中发生溢短装，或者由于不可抗力造成灭失、短损等，导致原申报数据与实际货物不符的；

（三）由于办理退补税、海关事务担保等其他海关手续而需要修改或者撤销报关单数据的；

（四）根据贸易惯例先行采用暂时价格成交、实际结算时按商检品质认定或者国际市场实际价格付款方式需要修改申报内容的；

（五）已申报进口货物办理直接退运手续，需要修改或者撤销原进口货物报关单的；

（六）由于计算机、网络系统等技术原因导致电子数据申报错误的。

第六条　符合本办法第五条规定的，当事人应当向海关提交“进出口货物报关单修改/撤销表”和下列材料：

（一）符合第五条第（一）项情形的，应当提交退关、变更运输工具证明材料；

（二）符合第五条第（二）项情形的，应当提交商检机构或者相关部门出具的证明材料；

(三)符合第五条第(三)项情形的,应当提交签注海关意见的相关材料;

(四)符合第五条第(四)项情形的,应当提交全面反映贸易实际状况的发票、合同、提单、装箱单等单证,并如实提供与货物买卖有关的支付凭证以及证明申报价格真实、准确的其他商业单证、书面资料和电子数据;

(五)符合第五条第(五)项情形的,应当提交进口货物直接退运表或者责令进口货物直接退运通知书;

(六)符合第五条第(六)项情形的,应当提交计算机、网络系统运行管理方出具的说明材料;

(七)其他证明材料。

当事人向海关提交材料符合本条第一款规定,并且齐全、有效的,海关应当及时进行修改或者撤销。

第七条 由于报关人员操作或者书写失误造成申报内容需要修改或者撤销的,当事人应当向海关提交进出口货物报关单修改/撤销表和下列材料:

(一)可以证明进出口货物实际情况的合同、发票、装箱单、提运单或者载货清单等相关单证、证明文书;

(二)详细情况说明;

(三)其他证明材料。

海关未发现报关人员存在逃避海关监管行为的,可以修改或者撤销报关单。不予修改或者撤销的,海关应当及时通知当事人,并且说明理由。

第八条 海关发现进出口货物报关单需要修改或者撤销,可以采取以下方式主动要求当事人修改或者撤销:

(一)将电子数据报关单退回,并详细说明修改的原因和要求,当事人应当按照海关要求进行修改后重新提交,不得对报关单其他内容进行变更;

(二)向当事人制发进出口货物报关单修改/撤销确认书,通知当事人要求修改或者撤销的内容,当事人应当在5日内对进出口货物报关单修改或者撤销的内容进行确认,确认后海关完成对报关单的修改或者撤销。

第九条 除不可抗力外,当事人有以下情形之一的,海关可以直接撤销相应的电子数据报关单:

(一)海关将电子数据报关单退回修改,当事人未在规定期限内重新发送的;

(二)海关审结电子数据报关单后,当事人未在规定期限内递交纸质报关单的;

(三)出口货物申报后未在规定期限内运抵海关监管场所的;

(四)海关总署规定的其他情形。

第十条 海关已经决定布控、查验以及涉嫌走私或者违反海关监管规定的进出口货物，在办结相关手续前不得修改或者撤销报关单及其电子数据。

第十一条 已签发报关单证明联的进出口货物，当事人办理报关单修改或者撤销手续时应当向海关交回报关单证明联。

第十二条 由于修改或者撤销进出口货物报关单导致需要变更、补办进出口许可证件的，当事人应当向海关提交相应的进出口许可证件。

第十三条 进出境备案清单的修改、撤销，参照本办法执行。

第十四条 违反本办法，构成走私行为、违反海关监管规定行为或者其他违反《海关法》行为的，由海关依照《海关法》和《中华人民共和国海关行政处罚实施条例》的有关规定予以处理；构成犯罪的，依法追究刑事责任。

第十五条 本办法由海关总署负责解释。

第十六条 本办法自公布之日起施行。2005 年 12 月 30 日以海关总署令第 143 号公布的《中华人民共和国海关进出口货物报关单修改和撤销管理办法》同时废止。

主要参考文献

[1] 《中国海关报关实用手册》编写组. 中国海关报关实用手册(2015)[M]. 北京:中国海关出版社,2015.

[2] 中国报关协会报关员水平测试教材编写委员会. 报关人员水平测试全国统一考试教材[M]. 北京:中国海关出版社,2014.

[3] 中华人民共和国海关进出口税则及申报指南编委会. 2015 年中华人民共和国海关进出口税则及申报指南[M]. 北京:中国商务出版社,2015.

[4] 唐超平. 国际贸易货物海关通关实务[M]. 北京:对外经济贸易大学出版社,2014.

[5] 中华人民共和国商务部网站:http://www.mofcom.gov.cn/.

[6] 中华人民共和国海关总署令 2014 年第 216—221 号.

[7] 中华人民共和国国家质量监督检验检疫总局网站:http://www.aqsiq.gov.cn/.

[8] 中华人民共和国北京海关网站:http://beijing.customs.gov.cn/.

[9] 中华人民共和国国家外汇管理局网站:http://www.safe.gov.cn/.

[10] 中国国际商会网站:http://www.ccoic.cn/.

[11] 中国通关网:http://www.e-to-china.com.cn/trade-focus/zptg/zptgzn/2010/0325/75246.html.

[12] 中华人民共和国天津海关网站:http://tianjin.customs.gov.cn/.